욕먹어도 괜찮아

욕먹어도 괜찮아

박영실 지음

한국경제신문

다섯 가지 투명 장애와
이별하자

저는 보이지 않는 투명한 다섯 가지 장애를 지녔던 사람입니다. 어떤 날은 다른 사람과 제 자신을 비교하며 세상에서 가장 초라해지는 기분에 사로잡히기도 했고, 몸매가 엉망이 된 건 너무 바빴기 때문이라는 핑계를 입에 달고 살았지요. 남의 시선을 의식해서 웃고 싶지 않아도 웃었고, 돈 많고 성공한 사람들은 나보다 행복할 거란 질투 속에 살았고, 두터운 화장으로 얼굴의 주름과 잡티를 숨기는 콤플렉스덩어리로 살았습니다.

제게 이 다섯 가지 투명 장애(착각, 핑계, 가식, 비교, 콤플렉스)가 있다는 것을 알게 된 건 참 우연이었습니다. 모든 것이 마음처럼 되지 않아 유난히 힘들었던 어느 날, 문득 거울을 바라보았는데, 거울 안의 내가 참 가여워 보였습니다. 내 인생의 진정한 주인공이 아닌 피에로로 사는 느낌이었으니까요. 남이 정해 놓은 행복의 잣대에 제 자신을 어떻게든 끼워맞춰 보겠다고 안간힘 쓰다 지쳐버린 제 얼굴에서 무거운 가면을 벗겨내주고 싶었습니다.

그렇게 저는 숨 막히던 일상을 놓고 먼 곳으로 혼자 여행을 떠났습니다. 화장기 하나 없는 얼굴, 헐렁한 옷차림으로 거리를 활보해본 게 얼마 만일까요? 나를 아는 이가 하나도 없다는 것만으로 이렇게 큰 자유가 주어지다니요. 늘 남 앞에 서야 하는 직업의 특성상, 과장된 웃음과 표정을 벗어던지지 못한 스스로가 참 가여워 보였습니다.

그래서일까요? 여행을 다녀와서 만난 지인들은 제게 한마디씩 합니다. 뭔가 달라졌다고 말이지요. "무슨 좋은 일 있나 봐. 혹시 로또라도?"라는 말부터, "그러고 보니 말 속도도 조금 느려지고 톤도 조금 낮아진 게 예전보다 훨씬 더 편안해 보여. 한결 평화로워 보여"라는 말도 합니다.

다섯 가지 마음의 장애를 조금 덜어내었을 뿐인데, 평화로워 보인다는 얘기를 듣다니, 참 놀라웠습니다. 편안하고 평화로운, 온화한 사람이 품고 있는 남다른 그것은 사실 그 어떤 것보다도 꼭 갖고 싶어 흠모해온 것이었습니다. 하지만 영영 가지지 못할 거라 생각해 포기하고 있었지요. 억지로 연습할 땐 되지 않더니, 억지스러움을 내려놓으니 자연스럽게 그리 되었습니다.

감정적 상처로부터 무의식적으로 자신을 속이거나 상황을 다르게 해석함으로써 자신을 보호하려는 의식 또는 행위로 '방어기제' 라는 것이 있습니다. 이는 개인이 외부환경으로부터 발생되는 갈등에 적응하도록 하여 정신건강에 도움을 준다는 점에서 긍정적입니다. 하지만 갈등 상황을 개선시키거나 극복하는 것이 아니라 눈 가리고 아웅하는 식으로 자신을 영영 속이는 힘 또한 가지고 있기 때문에 오히려 제 자신을 인생의 주인공으로 살지 못하게 하는 부정적 결과를 야기하기도 하지요. 방어기제는 주로 부정, 억압, 합리화, 투사, 승화와 같은 단어로 소개되곤 하는데, 저는 제 자신이 지금까지 살아오면서 지나치게 많이 사용한 다섯 가지 방어기제를 학문적인 측면이 아닌 저만의 개인적인 표현으로, 다소 일상적인 언어로 새롭게 재해석해보았습니다. 그것이 바로 착각, 핑계, 가식, 비교, 콤플렉스인 셈입니다. 그렇다면, 이런 것들은 변할 수 있는 것들일까요? 그렇습니다. 실제로 이를 변화시키고자 하는 의지만 있다면 분명히 길이 있습니다.

저는 타인으로부터 싫은 소리를 조금이라도 들으면 잠을 이루지 못했습니다. 그런데 변화를 꾀했습니다. 타인에게 혹

욕을 먹게 되더라도, 그것은 내가 못났기 때문이 아니라 남과 다르다는 데에 이유가 있다는 사실을 인지하자 마음이 편안해지는 것을 느꼈습니다. 물론, 타인에게 피해를 줄 수 있는 행동을 마음대로 해버리면 안 될 것입니다. 생각이 다른 상대에게 욕을 듣더라도, 그것이 자신의 신념에 근거해 수행한 행동일 때 괜찮은 것입니다. 소위 '갑질'을 하는 몇몇 무례한 사람들이 하는 몰상식한 행동이나 욕을 고스란히 받아야 하는 입장이라면 그 당시에는 정말 참기 어려운 고통이 밀려올 것입니다. 하지만 그것도 관점을 바꾸어보면, 내가 받은 욕이 아닐 수 있습니다. 상대가 내뱉은 욕을 내가 먹어야 내 것이 됩니다. 내가 먹지 않으면 그 욕은 아직, 그것을 내뱉은 상대방의 것입니다. 현대는 예전과 많이 달라져서, 누군가 그런 이상한 '갑질'을 내보이면 당사자가 아니래도 주변 사람들이 대신 단합하여 응징해주기도 합니다. 그러니까 우리, 굳이 그 가치 없는 욕을 좀 들었다고 고민에 빠지거나, 슬퍼하거나, 의미를 부여하면서 시간낭비를 하지는 말자는 겁니다.

지금까지 저는 남에게 욕을 먹지 않는 것을 굉장히 중요하게 여기며 살았습니다. 하지만 바꾸기로 다짐했고, 실제로 제 삶은 변하고 있습니다. 타인의 기대에 얽매이면 정작 자신의 인생에서 주인공이 아닌 피에로로 살게 되는 아찔한 순간을 자주 맞닥뜨리게 됩니다.

여행에서 돌아온 저는 일상에서도 그때 가졌던 느낌을 유지하려고 노력했습니다. 남에게 욕 먹지 않기 위해서, 남에게 잘 보이기 위해서가 아니라 제 자신을 위해 한 번 더 웃으려 하고, 다른 사람들이 어떤 브랜드의 구두를 신었는지 주시하기보다, 내 구두가 깨끗한지를 먼저 점검합니다. 바빠서 운동하지 못했다는 핑계를 대기보다는 주말의 낮잠을 포기하고 한강 한 바퀴를 돌기 위해 몸을 일으킵니다. '돈이 전부가 아니지, 돈 많은 사람은 돈 잃을 걱정, 성공한 사람은 추락할 걱정도 함께 안고 살아야 할 거야'란 긍정착각도 자연스레 하려고 노력합니다. 가릴 게 너무 많은 나이임을 인정하고 화장은 되도록 옅게 하는 것도 실천하고요.

물론, 너무 오랫동안 다섯 가지 장애를 안고 살아온 탓에 한 번에 이것들과 완벽한 이별을 할 수는 없을 것 같습니다. 하지만 매일 조금씩 노력 중입니다. 거울 속의 피에로 같은 제 자신을 더 이상은 보고 싶지 않기 때문입니다.

독자 여러분 중에서도 '어머, 나도 그런데'라거나 '이건 내가 원하는 삶이 아니야'란 공감이 든다면, 저처럼 다섯 가지 투명 장애와의 작별을 결심할 시기입니다. 변화를 원한다면, 발전하고 싶다면 바로 그때가 절호의 시기입니다. 의지를 흔들어 깨우고, 자투리 시간을 디자인할 때입니다.

얼마 전에 읽은 글이 생각나는데요, 인생이란 백지수표랍니다. 수표의 액면가는 내가 매일 하루를 어떻게 디자인하는지에 따라 정해진다는 것이지요. 어떤 사람은 그 수표를 주머니에 두고도 전혀 쓰지 못해 빈궁하게 살아가는 반면 또 다른 어떤 사람은 수십 억 고액수표를 발행해 가치 있게 사용하기도 한다는 말입니다. 80세 정도를 산다고 할 때, 매일 아침 백지수표 한 장씩을 받는다고 생각하면 우리는 인생에서 3만 장 정도의 백지수표를 선물로 받는 셈입니다. 오늘 저녁 생각해봅시다. 오늘 나는 얼마만큼의 가치를 지닌 수표를 발행했나요?

이 책은 저처럼 다섯 가지 투명 장애를 멀리 떠나보내고, 자신에게 주어진 백지수표를 지혜롭게 사용해보고 싶은 여러분에게 제가 거는 대화입니다.

박영실

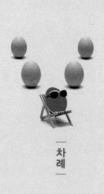

차
례

CHAPTER 3

가식

모두에게 좋은 사람이 될 수는 없다

CHAPTER 4

비교

타인이 아니라 더 나은 자신을 부러워하라

CHAPTER 5
콤플렉스
완벽한 사람은 없다

CHAPTER 1

자기만의 생각에서
빠져나와라

누구나
착각 속에 산다

세상의 모든 남자가 자기를 좋아할 거란 착각에 빠져있던 친구가 있었다. 그래서 그런지 그녀는 길을 걸어갈 때면 남들 눈을 의식하느라 바빴다.

"저 남자도 나 쳐다보는 거 맞지? 내가 이래서 길거리 다니기가 피곤하다니까."

맞다. 많은 남자들이 그 친구를 쳐다본다. 그런데 그녀가 진짜 눈에 띄는 미모의 소유자여서 그런 게 아니다. 저절로 시선이 그녀의 옷차림에 머물 뿐이었다. 그녀는 언제나 파격

적이었다. 짧은 스커트에 진한 화장을 즐겨 하는데 몸에 딱 달라붙는 스타일을 자주 입었다. 가끔은 긴 술이 달린 희한한 모자를 쓰고 나타나 그 친구와 함께 걷는 내내 얼굴이 붉어지기도 했다. 물론 옷차림은 자신만의 개성표현이다. 남다른 개성을 가진 그녀가 나는 진심으로 매력적이라고 생각하고 때론 그녀의 용기와 센스를 부러워했다. 그런데 모두가 나처럼 생각하진 않을 것이다. 특히 남자들 중엔 야한 옷차림의 여자를 좋아하는 이들도 있겠지만, 반대로 싫어하는 이들도 있다. 그럼에도 불구하고 그녀는 자기가 '찜한' 남자가 자신을 좋아하지 않으면 극도로 괴로워했다. 모든 남자가 다 자기를 좋아하진 않는다는 사실이 도무지 받아들여지지 않는 것이었다. 착각 속의 이런 괴로움은 얼마나 불필요한 것인가.

현실을 왜곡하는
위험한 착각

학창시절 단짝 친구는 언제나 전교 1등을 도맡아했다. 성적이 그렇게 좋으면 성격은 좀 모날 수도 있는데, 그녀는 성격까지 다정다감했다. 그러니 선생님들의 사랑을 독차지한 건 물론 친구들 사이에서도 인기가 좋을 수밖에. 시쳇말로 정말 '엄친녀'인 셈이다. 엄친녀는 결혼도 잘해 신랑과 알콩달콩

잘 살았는데, 아이가 중학교에 입학하면서부터 스트레스를
받기 시작했다.

> "애 아빠도 머리가 좋고 나도 머리가 좋은데, 얜 누굴 닮아서 공
> 부를 못하는지 모르겠어. 진짜 속상해 죽겠어."
> "공부를 못해? 몇 등이나 하는데?"
> "전교 3등."
> "뭐야, 너 장난해?"

나는 어이가 없어서 친구를 한동안 쳐다보았다. 친구의 기
준에서 전교 1등이 아니면 공부를 못하는 거였다. 자기는 학
창시절에 전교 1등을 단 한 번도 놓치지 않았는데, 왜 자기 배
속에서 나온 아이는 그걸 못해내는지 이해가 안 된다는 것이
다. 자신이 완벽한 사람이라는 착각도 모자라 내 자식은 완벽
한 사람이어야 한다는 그 생각은 얼마나 무시무시한 착각인
가. 그 착각은 과연 누구의 마음을 좀먹고 있을까.
그런가 하면 이런 위험한 착각도 있다. 어느 날 친구들과의
모임에서 자신의 애인 이야기를 늘어놓은 친구가 있다.

> "그이가 술을 마시면 가끔 손찌검을 하지만, 알고 보면 그것도 다
> 나를 너무 사랑해서 그런 거잖아. 너희들도 알다시피 그이가 좀

소심해. 그래서 평소엔 애정표현을 할 줄 몰라. 그래도 술 마시면 용기가 생기는지 솔직해져서 그나마 다행이야."

세상에 이게 웬 말인가. 누가 봐도 심각한 상황임에도 불구하고 그녀만 문제가 무엇인지 직시하지 못하고 있었다.

"너 정신 차려. 손찌검이 뭐, 사랑의 표현? 그 남자랑 결혼하면 넌 두고두고 후회할 거야. 착각의 늪에서 당장 빠져나와!"

현실인식이라곤 눈곱만큼도 없어 보이는 그 친구에게 그 자리에 있던 모든 사람은 앞다투어 화를 냈다. 친구가 제멋대로 소설 쓰는 일을 멈추지 않으면 정말 큰일이 날 것 같았기 때문이다.

이처럼 현실을 제대로 보지 못하고 자기만의 생각에 빠져 있는 것이 바로 착각이다. 착각의 종류는 가지각색이며, 누구나 다 어느 정도는 특정한 착각 속에 빠져서 산다. 그런데 이런 착각이 삶의 굴레로 자리잡기 시작하면 인생이 고통스러워진다.

더 많이 가져야
행복할까

특히 우리가 하는 착각 중에 하나는 많이 가져야, 혹은 더 성공해야 행복하다는 것이다. 하지만 과연 그럴까. 한 모임에서 인도인 친구를 만났다. 그녀는 인도에 있을 때 갑작스런 사고로 시력을 잃은 사람들을 위해 책도 쓰고 상담이나 강의를 하는 일을 해온 훌륭한 친구였다. 그녀가 들려준 이야기가 있다.

도로 위를 걸어가고 있는 잘생긴 인도청년이 있었다. 그런데 갑자기 도로 위의 전등이 퍽 하고 터지면서 유리파편이 날아와 두 눈에 박혔다. 순식간에 번개처럼 뭔가가 눈으로 들어오자 너무 놀란 청년은 두 손으로 눈을 마구 비벼댔다. 그런데 그럴수록 말로는 표현이 안 되는 극심한 고통이 눈 속을 파고들었다. 결국 그는 그 사고로 두 눈의 시력을 잃었다.

"죽고 싶은 생각뿐입니다."

청년은 그녀를 찾아와 오직 이 말만 되풀이했다. 그러자 그 친구는 무덤덤하게 이렇게 말해주었다.

"죽고 싶으면 죽어야죠. 단, 2년 후에도 같은 생각이 들면 그때

다시 나를 찾아와요. 내가 당신이 죽는 모습을 옆에서 지켜봐줄 테니까."

그 말에 그는 무슨 결심을 했는지, 약속을 꼭 지키라는 한 마디만 남긴 채 떠났다. 그리고 정확히 2년 후에 다시 그녀를 찾아왔다. 아름다운 꽃다발을 한아름 안고서.

"당신은 저의 두 번째 어머니에요. 저를 이 세상에 다시 태어나게 해주었으니까요."

청년은 불의의 사고를 당한 후 자신은 쓸모없는 존재란 착각에 빠져있었노라 고백했다. 두 눈을 잃었으니 더 이상 행복할 수 없을 거라고 생각한 것이다. 청년에게 신체장애란 곧 남보다 못났다는 것을 의미했고 못난 존재는 곧 행복하지 못한 삶을 살 수밖에 없다고 결론지은 것이다.

하지만 잘난 사람, 못난 사람, 불행한 사람, 행복한 사람의 기준은 도대체 뭘까? 돈, 건강한 신체, 화려한 스펙, 훌륭한 외모 등을 다 가진 사람과 이 중 한 가지밖에 못 가진 사람 중에 누가 더 행복할까? 착각의 잣대로 보면 당연히 전자일 것이다. 하지만 행복이란 결코 평면이 아니라 다이아몬드처럼 수십 수백 수천의 다양한 각도를 가진 다면체가 아니던가. 때문에 '나는 불행해!'라는 생각은 한쪽 면만 보고 가지게 된 일종의 착각이다. 이 인도 청년은 두 눈의 시력은 잃었지만 두 손과 두 발, 그리고 명석한 머리를 가지고 있다는 점에 감사하기로 했다. 그러자 다시 행복해졌다. 이처럼 지금 자신이 불행하다고 느껴진다면 다른 각도에서 자신을 바라보는 연습이 필요하다. 한쪽만을 바라보는 외눈박이 관점으로는 자신의 가치를, 자신의 실체를 제대로 볼 수 없다. 가치를 제대로 알지 못해 어떤 재산을 방치하거나 훼손하게 되면 얼마나 아까운가. 게다가 그 재산이 바로 나 자신이라면 어떠한가.

가난한 철학자 디오게네스와 알렉산더 대왕

행복의 기준에 대해서 생각해볼 만한 일화 중 알렉산더 대왕과 철학자 디오게네스와의 만남에 관한 것이 있다. 알렉산더 대왕은 마케도니아의 왕으로 그리스, 페르시아, 인도에 이르는 대제국을 건설하여 그리스 문화와 오리엔트 문화를 융합한 헬레니즘 문화를 탄생시킨 대제국의 왕이다. 당연히 무소불위의 권력을 가진 자였다. 하지만 이런 대왕을 소 닭 보듯 한 이가 있었으니 바로, 가난한 철학자 디오게네스였다.

알렉산더 대왕이 그리스 정벌 후 고국으로 돌아왔다. 모든

학자들이 그를 알현하기 위해 찾아와 고개를 조아리기 바빴는데, 단 한 사람 디오게네스만은 그러질 않았다. 이에 대왕은 직접 그를 찾아갔다. 그때 디오게네스는 볕이 잘 드는 곳에서 일광욕을 즐기고 있었다.

"난 알렉산더 대왕이다. 뭔가 필요한 것이 있으면 말해라. 내가 그대를 도와주겠다."

그러자 디오게네스는 큰 웃음을 터뜨리며 대답했다.

"난 아무것도 필요하지 않은데, 다만 옆으로 약간 비켜서 주겠소? 당신이 지금 내 태양을 가로막고 있잖소? 난 보다시피 일광욕 중이오."

모든 걸 다 가졌다고 착각했던 알렉산더 대왕은 순간 디오게네스 앞에서 자신이 걸인처럼 느껴졌다. '이 사람은 아무것도 필요로 하지 않는데, 나는 온 세계가 필요하다고 생각하며 욕심을 내고 있구나.' 이어 대왕이 말했다. "나도 당신처럼 만족한 삶을 살고 싶소." 디오게네스가 답했다. "그럼 이리 와서 벌거벗고 누워보시오. 미래를 잊고 과거를 떨쳐버리면, 그 어떤 것도 그대의 행복을 막지 않을 테니." 이 말을 듣고 알렉산더는 깨달음을 얻은 듯 이렇게 말했다. "그대 말이 옳다. 그러나 아직 때가 되지 않았다. 내가 승리자가 되었을 때, 내가 온 세계를 정복했을 때, 그때 다시 와서 배우겠다. 그리고 이 강둑에, 그대 곁에 앉을 것이다." 그러자 디오게네스가 이렇게 대답했다.

> "그런 날은 결코 오지 않을 것이오. 지금도 여기 누워서 편안해
> 질 수 있는데, 왜 막연한 미래를 기다리는 것이오?"

이 심오한 말을 들은 알렉산더 대왕은 자신이 욕망에 사로잡혀 행복을 버리고 있다는 생각이 들었다. 결국 알렉산더의 전 생애 동안 디오게네스의 망령은 그를 따라다녔다. 하지만 알렉산더는 죽을 때까지 자신의 욕망을 달성하지 못했고, 결국 죽을 때에야 비로소 누구나 빈손이 된다는 것을 깨달았다. 참 신기한 것은 알렉산더와 디오게네스는 같은 날 죽었는데, 알렉산더는 자기가 가진 것을 모두 잃고 거지로 죽었고, 디오게네스는 자기가 가진 것을 모두 그대로 가지고 죽음을 통찰하면서 황제로 죽었다는 것이다.

우리가 많이 가져야 행복하다고 생각하는 것이야말로 근거 없는 착각이다. 자신이 큰 행복감을 느꼈던 순간들을 잘 되짚어보자. 행복의 기준이란 무지개처럼 다양하다.

사람은 행복하기로 마음먹은 만큼 행복하다.

에이브러햄 링컨

짝퉁 같은 명품과
명품 같은 짝퉁

여성들이 많이 하는 착각 중의 하나는 명품옷을 입거나 명품 백을 들어야 자기 가치가 올라간다고 생각하는 것이다. 그래 야 남의 눈에 그럴듯하게 보일 거라고 착각하는 탓이다.

　어느날 인터넷에서 감동적인 글을 발견했다. 한 네티즌이 올린 글이었다.

　"우리 아내는 명품백 같은 걸 좋아하지 않더라고요. 그래서 오늘 은 제가 '당신은 왜 명품백 타령을 안 해?' 라고 물으니까 제 아 내가 하는 말이 '내가 명품인데 굳이 명품백을 들 이유가 있을 까?' 였답니다. 아, 명품 같은 내 아내. 저는 오늘부터 이 명품을 진짜 애지중지하기로 마음먹었습니다."

글쓴이의 아내를 한 번도 본 적은 없지만, 분명 당당하고 멋있는 여자일 것이다. 명품백을 들어도 그게 명품이라는 티가 통 나지 않는 사람이 있는가 하면, 명품백 하나 안 걸쳐도 은은하게 빛나는 여자가 있다. 그 차이는 무엇일까.

명품백을 들어도
모양이 안 나는 이유

간만에 명품백 하나를 장만했노라고 아는 동생 A가 말했다. 백화점에서 마음에 드는 가방을 발견하고 어깨에 슥 메보았는데, 제법 맵시가 나더란다. 하지만 가격표를 보고 속으로 놀란 가슴을 진정시켜야 했다. '살까, 말까.' 머릿속으로 복잡한 계산이 시작되었다. 월급과 카드 값을 저울질하던 그녀. 그런데 그때 그녀가 짝사랑 중인 회사동료 김 대리의 얼굴이 떠올랐다. 그에게 예쁘게 보이고 싶은 맘이 쑥 올라오자, 용기가 불끈 솟았다. "이 가방, 포장해주세요."

마침 다음날엔 사내 회식이 있었다. 그녀는 김 대리 옆자리에 앉아 보란 듯이 백을 그와 그녀의 사이에 얌전히 내려놓았다. 그때 한 팀원이 말했다. "어머, 지선 씨. 그 배낭 예쁘다. 어디서 샀어?" 순간 모든 사람들의 시선이 A의 팀 동료이자 라이벌인 지선의 배낭에 집중되었다. 천으로 된 연노란색 배낭은 A가 봐도 참 예쁘고 귀여웠다. 게다가 그날 지선이 입은 카키색 바지와 베이지색 셔츠와 센스 있게 잘 어울렸다. "이 배낭이요? 오 년 전 동대문에서 2만 원 주고 샀는데, 잘 산 것 같아요. 아직까지도 튼튼하고 유행도 안 타서 저도 정말 좋아하는 가방이에요." 지선의 말에 김 대리가 흐뭇한 미소를 지으며 말했다. "지선 씨 진짜 패션 센스가 보통이 아닌 것 같아요."

그날 A의 명품백에 관심을 보인 이는 아무도 없었다. 명품백을 걸치면 자신의 가치가 올라가고 사람들의 시선도 받을 줄 알았건만 기대가 산산조각이 나자 자신이 무척 초라하게 느껴졌단다. 그녀는 내게 이 이야기를 하면서 한숨을 푹 쉬었다. "그런데 언니, 내가 더 초라해진 순간은 그 다음이에요. 글쎄 오랜만에 만난 친한 친구가 제 가방을 보더니 대뜸 그러는 거예요. 너 그거 짝퉁이지?" 그녀는 오히려 자기가 명품의 가치를 떨어뜨리고 있는 것 같다며 자책했다.

짝퉁을 명품으로
만드는 비밀

도대체 무엇이 문제일까? A는 그녀만의 스타일을 갖지 못했다. 자신의 스타일을 정확하게 파악한 후, 패션코드를 찾아가는 노력이 선행되어야 했다. 그런 코드도 없이 무조건 명품만 걸친다고 해서 스타일이 사는 건 절대 아니기 때문이다. 자기만의 스타일이란 비단 옷이나 가방으로만 결정되는 게 아니다. 그것은 취향, 성격, 가치관 등 나를 나타내는 모든 것들이 자연스럽게 어우러질 때 드러나는 특유의 컬러다. 나의 총체, 그것이 곧 스타일이란 뜻이다. 이렇게 자기 컬러를 찾은 사람들은 옷이나 신발, 가방을 고를 때도 자신에게 어울리는 게 어떤 건지 정확히 알고 있다. 명품관이 아닌 시장골목에서도 자기에게 잘 어울리는 티셔츠 한 장을 고를 줄 아는 사람들이다. 자기 자신이 어떤 사람인지, 어떤 때 빛이 나는지 잘 아는 그들은 당연히 행동이나 말투도 자연스럽고 당당하다. 명품백이라도 그렇지 않은 사람이 걸치면 빛을 내지 못하는 법이다.

방송활동을 할 때의 일이다. 당시 같은 프로그램을 함께한 출연자를 대기실에서 만났는데, 옷차림과 백이 너무 잘 어울렸다. 그래서 나도 모르게 그녀의 백에 시선이 오래 머물렀다. 그러자 그녀가 머뭇거리며 입을 열었다. "짝퉁인 거 티 많이 나요? 원래 명품은 진품이든 가품이든 잘 안 사는 편인데, 남편한테 선물 받은 거라서 어쩔 수 없이 들고 다녀요." 그녀가 실토하는 바람에 자세히 들여다보니, 문양이나 이음새가 진품과는 아주 미세하게 달랐다. 평상시 이미지 컨설팅을 많이 하는 터라 명품과 진품을 구분하는 눈썰미가 상당히 매섭다고 자부했건만, 그날은 나도 그만 깜빡 속은 것이다. "어머, 전혀 몰랐어요. 은은한 옷 스타일과 백이 맞춘 듯이 잘 어울려요. 진품 같아요." 이 말은 진심이었다. 그녀에게는 은은하면서도 튀지 않는 그녀만의 고급스러움이 있었다. 그래서 뭘 입어도 늘 맞춤옷처럼 그녀에게 잘 어울렸다. 자신만의 컬러와 느낌이 분명했고, 그것을 제대로 알고 살릴 줄 아는 그녀였기에 비록 짝퉁을 썼어도 명품처럼 빛이 났던 것이다.

자신과 어울리는 색깔과
디자인을 찾아라

겉치장에 신경을 쓰는 건 사회생활을 하는 여자라면 당연한 일이다. 왜냐하면 첫 만남에서 어떤 옷차림을 했느냐가 바로 그 사람의 첫인상을 결정짓기 때문이다. 그뿐 아니다. 옷을 잘 차려입으면 그에 맞춰 행동도 조심하게 되지 않던가. 슬리퍼에 야구 모자를 푹 눌러 쓰고 나간 길거리에서는 떡볶이의 빨간 국물까지도 거리낌 없이 싹싹 먹을 수 있지만, 잘 차려입은 날은 절대 그럴 수 없다. 저절로 행동이 조심스러워지고, 걸음걸이도 신경 쓰게 된다. TPOtime, place, occasion에 맞는 옷차림은 그래서 중요하다. 옷에 따라 행동까지 달라지기 때문이다.

그렇다면 명품을 걸치면 명품처럼 빛나는 사람이 될 수 있어야 하는데, 실제로는 그렇지 않다는 게 문제다. 다시 말하지만, 스타일이란 자신의 총체이기 때문이다. 물론 자기에게 어울리는 색깔이나 디자인이 어떤 것인지 알아내는 데는 충분한 시간과 노력이 필요하다. 젊은이들의 이미지 메이킹을 해주며 나름대로 전문가로서의 멘토 역할을 자처하지만, 나 역시 내 스타일을 찾는 데 꽤 많은 시간과 돈을 투자해야 했다.

예전엔 옷가게 거울에 비춰봐서 무조건 예뻐보이면 일단 사서 집으로 왔다. 매장의 조명이 어떤 색이든 다 예뻐보이게 만든다는 걸 알면서도 속고 또 속는 일이 반복되었다. 결국 그렇게 고른 옷을 입고 나가면, 친구들의 직설적인 피드백에 상처를 받아야 했다. 내 피부톤에 전혀 맞지 않는 진노랑색의 원피스를 입고 나간 날이었다. "뭐야 영실아. 노란 단무지가 걸어오는 줄 알았다.", "그래, 그 색은 좀 과했다. 호호호."

'단무지라니, 아무리 격의 없는 친구사이라고 해도 그렇지, 말이 너무 심한 거 아냐?' 하는 생각에 화도 났지만, 그래도 입에 발린 매장 점원의 말보단 훨씬 약이 된 게 사실이다. 그렇게 실패의 실패를 겪으면서 나는 내 피부톤과 내 체형에 어울리는 색깔과 디자인의 옷차림을 찾기 시작했다. 메이크업이나 머리스타일도 마찬가지다.

스타일은
자신감이다

또 하나 여자들이 조심해야 할 착각이 있다. 바로 어려보이면 무조건 성공이라는 착각. 물론 나이가 들수록 동안 욕심이 나기 마련이다. 대부분의 여자들이 그렇고 나 역시 그랬다. 오죽 어려보이고 싶었으면 30대에 양갈래 머리를 시도했었을까? 내가 생각해도 민망하지만, 어울릴 거라 착각하고 그런 만행을 저지른 것이다. 한국이 아니라 외국이라서 더 용기가 난 것도 사실이다. 역시 그날도 친구들 모임에 나갔다가 구박세례를 받고 정신을 차렸다. "당장 머리 안 풀면 경찰에 신고할 거야." 친구들은 반농담조로 나를 협박하기까지 했다. 얼마나 보기 흉했으면 그랬을까.

지금 나는 주부들을 대상으로 하는 강의에서 이렇게 말한다. "동안 욕심은 내려놓고, 나이에 맞는 스타일을 하는 게 가장 예쁘고 세련돼보입니다." 이거야말로 내가 시행착오 끝에 내린 결론이다. 40대라면 더 이상 영캐주얼 브랜드에 집착해서는 안 된다. 나이에 걸맞지 않게 미숙한 사람으로 보일 수 있다. 옷차림 때문에 나도 모르게 행동이 어리숙해진다면 설상가상이다. 나이가 주는 연륜만큼 사람은 성숙해져야 하고, 그런 모습을 갖추기 위해 끊임없이 노력하지 않으면 안 된다. 그리고 그런 성숙한 내면이 패션을 통해 자연스럽게 드러나도록 하는 게 자신을 위한 진짜 스타일링이다. 이런 깨달음 덕분에 나는 지금 어딜 가든 스타일 괜찮다는 얘기를 자주 듣는 편이다.

이상적인 자기 스타일이 없는 사람은 없다. 누구나 자신의 신체와 기존 스타일링에 장단점을 가지고 있기 때문에 장점은 살리고 단점을 보완하면서 자기 스타일을 개선해나갈 수 있다. 나이가 들어도 자기 스타일이 없는 사람은 아직 찾으려는 노력을 덜 한 사람이거나, 아니면 센스가 부족한 사람이다. 나이들수록 멋스런 사람들을 유심히 살펴보라. 한결같이 자기만의 스타일을 갖고 있지 않은가. 그런 사람들은 자기가 살아온 시간과 스타일에서 우러나온 자신감을 가지고 있고 그 자신감이 또 하나의 멋진 스타일이 된다. 그러니 자기 스타일을 찾는 연습을 게을리해서는 안 된다. 언젠가 지갑 사정이 넉넉해져 자신에게 잘 어울리는 명품을 하나 구입한대도 스타일이 나지 않는다면 그것도 참 속상한 일이 아닌가.

자기 과대평가는
'나'를 가로막는다

대학에서 학생들을 가르치는 입장인지라 매 학기 교수평가에 민감할 수밖에 없다. 마음을 비우고 '그저 성심껏 학생들과 소통해야지' 하면서도 교수평가 시기가 오면 어쩔 수 없이 신경이 쓰이곤 한다.

지난 겨울학기엔 두 과목이나 맡아 강의했기에 더 바짝 긴장해야 했다. 드디어 교수평가 점수를 확인하는 날, A과목의 높은 교수평가 점수를 보고 나는 회심의 미소를 지었다. '역시 내가 수업 준비를 얼마나 열심히 했는데, 당연한 결과지.' 그런데 이게 웬일, B과목의 교수평가 결과는 상당히 실망스러웠다. 금세 기분이 착잡해졌다. 하지만 이내 툭 털어버렸다.

'솔직히 강의가 너무 이른 시간에 있었어. 아침 8시 수업인데, 학생들이 제대로 수업에 집중이나 했겠어? 누가 강의했어도 학생들은 만족할 수 없었을 거야. 게다가 학생 수도 좀 많았게? 그렇지, 이거 봐. 학생들 시험 점수도 낮게 나왔잖아.'

교수평가 1위 교수의
부단한 노력

제법 '쿨하게' 평가를 받아들인 덕택에 큰 스트레스에 시달리는 일은 없었다. 그런데 얼마 전 교수평가에서 교내 1위를 한 교수의 사례발표를 들은 후, 나는 내가 얼마나 큰 착각에 빠져있었는지를 반성하게 되었다. 착각도 그냥 착각이 아니라, '자기 과대평가'라는 부끄러운 초대형 착각이었다.

1위를 한 교수는 강의 시작과 동시에 규칙 하나를 내세웠다. "이른 시간이라 아무래도 졸린 학생들이 많을 거예요. 졸린 친구들을 위해 강단 앞에 초대석을 마련해두었습니다. 하품하는 학생은 바로 초대석으로 모시겠습니다." 순간 강단에 앉은 학생들이 일제히 깔깔대며 웃었다. 실제로 강단 맨 앞쪽에 초대석이란 푯말이 놓인 책걸상 하나가 얌전히 놓여있었다. 내가 봐도 기막힌 아이디어였다. 꾸벅꾸벅 존다고 인상 쓰며 혼낼 필요도 없고 앞에 앉은 학생도 다른 학생들에게 웃음을 줄 수 있으니, 서로 웃다가 절로 잠이 달아날 것이다.

뿐만 아니라 그 교수는 자신이 갖고 있는 단점을 극복하기 위해 다른 방법들을 부지런히 동원했다. "사실 제가 말주변이 좀 부족합니다. 그래서 강의의 집중도를 높일 만한 동영상들을 좀 찾아보았습니다. 강의 중간 중간에 영상을 틀어줄 테니, 스크린에 집중해주세요." 실제로 강의 틈틈이 재생된 동영상 자료는 애니메이션부터 광고, 영화의 일부분 등 매우 다양했다. 어떻게 저 많은 걸 찾았는지 대단하단 생각밖에 들지 않았다. 게다가 강연 내용과 기막히게 잘 어울려, 한 번 보면 머리에 콕 박힐 것 같았다. 처음엔 분명 '어디 한번 들어나볼까?' 하며 다리를 척 꼬고 앉아 강의를 건성으로 듣기 시작했는데 어느새 나도 모르게 두 손을 얌전히 모으고 그의 강의에 몰입하고 있다는 것을 깨달았다.

한 시간 반이 훌쩍 지나고 쉬는 시간이 되자, 강의 내용과 관련된 음악이 흘러나왔다. 어디 그뿐인가! 자리에 남아있는 학생들에게는 강의 내용과 관련한 재미있는 퀴즈를 내주기까지 했다. 쉬는 시간을 어떻게 채울지까지 애써 고민한 것이다. '저렇게 열심히 준비하고, 정열을 쏟으니 과연 1등을 할 수밖에 없겠구나' 라는 생각에 절로 존경심이 일었다.

자기 과대평가의
함정

똑같이 이른 아침 시간에 배정된 강의였다. 그는 전체 1위라는 명예로운 평가를 받았고, 나는 평가점수로는 그의 중간치에도 미치지 못했다. 사실 내가 '쿨하게' 평가 점수를 받아들였던 데에는 이런 착각이 깔려 있었던 것이다. '그래도 하나는 잘 나왔잖아. 나는 그래도 제법 괜찮은 교수란 말이지. 다른 하나는 잘 나오려고 해도 도무지 여건이 안 되었던 거고 말이야.'

파리 우에스트 낭테르대학의 패트릭 고슬링Patrick Gosling 교수가 연구한 결과에 의하면, 교사들은 학생의 성적이 부진한 경우 그 원인으로 학생의 가정환경을 꼽는 반면, 성적이 우수한 경우에는 교사 자신의 뛰어난 강의실력을 원인으로 드는 경우가 많다. 대부분의 교사들이 나처럼 자기 과대평가란 착각에 빠져있단 뜻이다.

하지만 1등을 한 동료 교수는 언변이 부족한 자신의 부족한 면을 솔직히 인정하고, 이를 보완하기 위해 학생들의 집중도를 높일 만한 동영상 자료를 열심히 찾았다. 나중에 따로 물으니, 자료를 찾기 위해 밤새 눈에 실핏줄이 터지도록 인터넷을 샅샅이 뒤진다고 실토했다.

나는 그렇게 열심히 강의를 준비한 적이 있던가. 문제는 낮은 평가를 받아놓고도, 더 나은 대책을 세울 생각을 하지 않았다는 사실이다. 자기 과대평가라는 착각의 폐해는 바로 나 자신의 발전을 가로막는다는 점이다.

학생들과 일대일 면담을 시작하다

그날 이후 나는 정신을 차렸다. 자기 과대평가란 착각에서 빠져나오기 위해 의도적으로 노력했다. 그러고 보니 늘 지각해서 맨 뒷자리에 앉아 SNS를 하거나 졸기 일쑤인 학생이 눈에 띄면 혼낼 생각만 했지, 왜 수업에 집중을 하지 않는지에 대해선 고민해본 적이 없었다. 그래서 이번엔 방법을 달리해보기로 했다. 학생을 조용히 따로 부른 후, "도대체 왜 늘 지각하는 거니?"라고 묻는 대신 "이번 학기에 제일 마음에 드는 수강과목이 뭔지 궁금한데?"라고 물어보았다. "L교수님 수업이요." 내 이름이 아니라 조금 실망했지만, 이렇게 학생의 입에서 솔직한 대답이 나오자, 일단 소통의 반은 성공한 것 같아 내심 기뻤다. 그 이유를 물었다. "꼼꼼하게 설명해주시고 생생한 사례 위주로 강의하시다보니 앉아만 있으면 집중이 돼요. 그리고 수업 중에 단 한 명도 소외감 느끼지 않도록 골고루 참여하도록 해주시거든요."

아하, 어쩌면 나는 나 혼자만의 무대를 갖고 있었던 건 아닐까. 늘 학생들과 소통하려 했건만, 너무 일방적인 지식전달만 하고 있었던 건 아닌가. 유명 아나운서이자 교수인 L은 학교에서 인기 교수로 유명하다. 워낙 다정다감한 데다 말솜씨도 유려해, 강의를 잘 하겠거니 했지만 학생들의 말을 들어보면 그것 이상의 강점을 지니고 있었다. 바로 학생 한 명 한 명 모두를 차별 없이 살뜰히 챙기는 스승의 마음, 가르침에 정성을 들이는 성실한 교수의 기량을 L은 가지고 있었던 것이다.

그 이후로 나 역시 학생들과 일일이 면담하는 시간을 가져보는 등, 여러 모로 수업의 변화를 주기로 마음먹었다. 하루 날을 잡아서 학생 한 명 한 명에게 진심으로 다가가는 시간을 가져보았다. 최소한 5분 이상 학생 한 명과 눈을 맞추고 수업 방향에 대해, 진로에 대해 허심탄회하게 이야기하는 시간을 가졌다. 나에 대한 과대평가에서 벗어나자, 어떻게 하면 나도 변화하고 성장할 수 있을지에 대한 고민이 비로소 시작되었다. 하루아침에 교내 교수평가 1위 교수나 L교수만큼은 되기 어려울 것이다. 하지만 적어도 어제의 나보다 조금 더 나은 내가 될 것이다.

행복지수를 높이는
긍정착각

착각이 다 나쁜 건 아니다. 정신건강에 좋은 착각도 있다. 하버드대학의 질볼트 테일러Jill Bolte Taylor 박사가 말한 긍정착각이란 게 있다. 현실을 낱낱이 분석하지 않고, 자기가 보고싶은 부분 혹은 믿고 싶은 부분만 확대해서 생각하고 믿는 것, 또는 자신의 불확실한 미래에 대해서 무조건 잘 될 거라는 믿음을 근거 없이 갖는 것 등이 바로 긍정착각에 해당된다.

오래 사랑하려면
깊이 들여다보지 마라

긍정착각은 바로 인류의 가장 중대사인, 남녀 간의 사랑을 지속시키는 힘이다. 서로의 눈에 콩깍지가 씌워지지 않으면 사랑은 시작될 수 없다. 이 콩깍지가 바로 긍정착각이다. 콩깍지 단계에서는 상대의 모든 면이 다 좋아 보인다. 이유는 내가 보고 싶은 면만 확대해석하기 때문이다. 이 사람이야말로 바로 내가 찾던 이상형 같다는 생각이 확고해질수록 사랑 역시 더 깊어지면서, 우리의 뇌에선 도파민이나 세로토닌과 같은 기분을 좋게 하는 호르몬들이 분비된다. 행복이 최고조로 달하는 것이다.

긍정착각의 기간이 길어질수록 남녀는 오랫동안 행복할 수 있다. 서울대 심리학과 모 교수는 연인이 있는 남녀에게 A4 사이즈의 종이 3장 정도의 분량으로 자기 파트너에 대한 평가를 적도록 했던 팀과 단 두 줄로 적게 했던 팀을 분석했다. 그 결과 단 두 줄로만 적었던 팀이 그렇지 않은 팀보다 훨씬 더 오랫동안 서로를 향해 좋은 감정을 유지하면서 관계를 지속시켰다.

즉 상대에 대한 장점과 단점을 너무 정확하게 분석하고 인식하는 것은 콩깍지와 상극이다. 콩깍지가 벗겨지는 시일이 그만큼 빠르단 뜻이다. 지금 곁에 있는 사람과 오래오래 사랑이라는 감정을 유지하고 싶다면, 지나치게 상대방을 평가하는 잣대를 내려놓고 그저 사랑하는 게 현명한 방법이다.

성공한 사람들은
긍정착각을 한다

타인이 아닌 자신에 대해 긍정착각을 하는 경우도 있다. 어릴 때부터 말을 더듬는다고 친구들에게 놀림을 받아 울던 아들에게 엄마는 이렇게 말했다. "네가 말을 더듬는 건 네 생각이 네 말의 속도를 앞서기 때문이란다. 그만큼 넌 영특한 아이란 뜻이니 자부심을 가지렴."

영국의 수상이 된 처칠은 어머니 덕분에 말을 더듬는 것에 대한 콤플렉스를 없애고 비상할 수 있었다. 처칠의 어머니는 아들에게 스스로에 대한 긍정착각을 갖도록 마법을 부린 셈이다. 20세기의 가장 아름다운 여인으로 불리는 오드리 헵번 Audrey Hepburn 역시 마찬가지다. 그녀는 외모는 물론 마음까지 아름다운 완벽한 여인으로 우리에게 기억되지만, 정작 그녀 자신은 한때 콧구멍이 큰 것에 대해 콤플렉스를 가지고 있었다고 한다. 하지만 지혜로운 그녀는 그것 역시 다른 배우들과는 다른, 자기만의 개성이라고 생각하기로 했다. 긍정착각에 스스로를 빠뜨리기로 마음먹은 것이다. 그래서일까? 자신 있는 표정으로 환하게 웃는 그녀의 사진을 보면 그 깊은 매력 속으로 빠져들 것만 같다.

긍정착각은 자기애를 갖게 하여 궁극적으로 자존감을 높인다. 그래서 새로운 일에 용기 있게 도전하고 성취를 이뤄내도록 돕는다. 실제로 존스홉킨스대학의 존 가트너John Gartner 박사에 의하면 성공한 CEO들 중에는 긍정착각을 잘 하는 사람들이 많다고 한다. 그에 의하면, 긍정적이며 에너지가 넘치고 아이디어가 많은 사람들은 그렇지 않은 이들보다 창의력과 모험을 감행할 용기가 많다. 그래서 비관적인 사람들보다 더 쉽게 성공할 수 있다.

이를 증명하는 실험도 있었다. 한 연구팀은 입사시험에 떨어진 사람들 중, 떨어진 것은 자신의 잘못이 아니며 다른 어떤 요인 때문일 거라고 긍정착각한 사람들과, 자기가 못나고 부족해서 떨어졌다고 비관하는 사람들로 나눠 2년 후에 추적 조사해 그들의 업무실적을 비교해보았다. 그 결과 긍정착각 팀의 사람들 대부분이 재취업에 성공했음은 물론, 스스로를 비관한 팀에 비해 27%나 높은 실적을 올리고 있었다. 심리학자 샐리 테일러 박사 역시 자신에 대해 긍정적으로 평가하는 경향은 행복지수를 올려준다고 말했다. 지나친 자기 과대평가의 오류에 빠지는 건 성장을 방해하지만, 어쩔 수 없는 자

변화무쌍하고 불안정한 세상에서
가장 튼튼한 발판은 자기 자신에 대한
믿음임을 알아야 한다.

굴드

신의 결점을 포용하여 자신의 생명력을 스스로 살려내는 긍정착각은 성장의 동력이다.

나를 위한 긍정착각
습관화하기

스스로 뭔가 부족하고 못나 보인다는 생각이 들 때, 긍정착각의 마법을 부려보자. 예를 들어 거울 속 얼굴이 참 못생겼다 싶어 우울해질 때, 이렇게 해보는 거다. 거울을 들여다보며 자신과 대화해보자.

'나는 지금 착각하고 있는지도 몰라. 아니 착각하고 있어. 내가 우울해할 만큼 내 얼굴은 그렇게 못생기지 않았다고!'

이는 인지의 단계다. 두 번째는 발견이다.

'그럼 내 얼굴 중에서 제일 괜찮은 부분은 어디지? 눈은 좀 짝짝이다. 코는 좀 뭉툭하네. 턱은 좀 두툽나? 아, 내 눈썹. 숱이 딱 적당한 내 눈썹, 괜찮네. 나쁘지 않아.'

마지막은 긍정의 단계다.

'그래 볼수록 내 눈썹은 참 백 점짜리야.'

인지, 발견, 긍정의 3단계가 바로 긍정착각의 길잡이다. 긍정착각을 습관화하기 위해서는 갖고 싶은 것보다 현재 내가 가진 것과 지금까지 일구어낸 것들을 자랑스럽게 생각하는 게 중요하다. 제2의 전성기, 찰랑거리고 윤기 있는 머릿결에 꿀피부, 늘씬하고 쭉쭉 뻗은 몸매까지 뭐 하나 빠질 것 없는 배우 전지현을 아무리 부러워한들, 우리가 전지현이 될 수는 없다. 오히려 상대적으로 초라해질 뿐이다. 물론 그녀처럼 되고 싶어서 열심히 운동을 하기로 한다면 참 다행이다. 하지만 그렇지 못할 바엔 부러움을 멈추자. 그리고 쿨하게 긍정착각을 해보자.

"아무리 그래도 꾀꼬리 같은 내 목소리는 전지현도 절대 따라올 수 없지! 암만!"

큰 소리로 말하기 차마 부끄럽다면 그냥 속으로 독백이라도 해보자. 자꾸 반복하면 진짜 그렇게 믿게 된다. 긍정착각에 빠진 우리의 뇌는 스스로를 돕는다.

기분 좋은 사람이란
인상을 주는 법

긍정착각을 역이용하면 상대에게 좋은 인상을 심어줄 수 있다. 우리는 누구나 사랑받는 사람이 되고 싶어한다. 하지만 그게 어디 말처럼 쉬운가. 수십만의 팬을 거느린 인기 연예인들도 안티팬이 있는데, 하물며 주위에 내 안티인들 없을까.

그런데 좀처럼 안티가 없어 보이는 사람들도 있다. 대표적인 인물은 바로 MBC 간판 예능프로그램인 〈무한도전〉의 유재석이다. TV를 통해 그의 행동과 말을 유심히 관찰해보면, 그는 참 주변 사람들을 기분 좋게 해주는 능력이 뛰어난 것 같다. 유재석과 함께 있으면 누구라도 기분이 좋아질 것 같은 착각이 든다. 우리 주변에 보면 유재석 같은 스타일의 사람들이 있다. 얼마 전에 친구 A가 만든 스파게티를 맛보고 또 다른 친구 B가 다짜고짜 "레시피 꺼내봐"라고 말했을 때, A는 대꾸도 하지 않았다. 순간 둘 사이에 어색하고 불편한 기류가 흘렀다. 이때 C가 슬쩍 끼어들어 분위기를 살살 녹였다. "와, 스파게티 진짜 맛있다! 내가 설거지할 테니까 레시피 좀 알려줘." 부드러운 말본새도 좋아 보이지만, 그 살얼음 같던 현장을 녹인 일등 공신은 바로 C의 미소였다. 상대방을 무장해제시키는 유쾌한 미소 말이다.

보고 있으면 절로 기분이 좋아지는 사람이 또 있다. 현존하는 인물은 아니지만 언제나 우리 곁에 여신처럼 존재하는 듯한 배우, 바로 오드리 헵번이다. 그녀가 숨을 거두기 전 아들에게 쓴 편지 내용은 매우 유명하다. '우리가 가진 두 손 중 한 손은 나 자신을 돕는 손이고, 다른 한 손은 다른 사람을 돕는 손이다.' 누구나 오드리 헵번의 아름다움을 찬양하고, 그녀가 건넨 사랑의 손길을 존경한다. 지금은 곁에 없지만 그녀를 인생의 롤모델로 여기는 여성들은 또 얼마나 많은가.

사랑스런 눈을 갖고 싶다면 상대의 좋은 점을 봐라

오드리 헵번과 유재석의 공통점이 있다. 바로 상대의 단점보다 장점을 먼저 알아보고 그것을 칭찬하는 사람이라는 것이다. 유재석은 남을 비난하는 멘트로 시청자를 웃기는 사람이 아니다. 상대를 배려하고 칭찬해 남도 살리고 자기도 산다. 오드리 헵번은 '사랑스런 눈을 갖고 싶다면 상대의 좋은 점을 먼저 보라'는 말을 남긴 것으로 유명하다. 이런 사람들을 두고 미켈란젤로 효과Michelangelo Phenomenon를 내는 이들이라고 말한다. 미켈란젤로 효과란 미켈란젤로가 대리석 덩어리에서 다비드의 이미지를 발견하고, 그것을 드러내고자 나머지 필요 없는 부분을 깎아내고 다듬어 마침내 다비드를 완성했다는 일화에 뿌리를 두고 있다. 이 용어는 1999년 미국의 심리학자인 스테판 미카엘 드리고타스Stephen Michael Drigotas에 의해 처음 사용되었다.

미국 노스웨스턴대학교, 영국 런던대학교, 네덜란드 암스테르담대학교의 연구진이 공동으로 미켈란젤로 효과에 대해서 연구한 자료에 따르면, 연인이나 부부가 상대방을 자기의 이상적인 상대라 여기고, 상대로부터 그런 모습들만 끄집어내기 위해 노력하면, 상대가 진짜 이상적인 사람이 되어갈 확률이 높아진다고 했다. 연구에 참여한 커플들은 실제로 서로가 가진 특기와 장점을 칭찬하고 도드라지게 함으로써, 서로의 성취와 목표를 도왔다. 그 결과 서로가 더 성장할 수 있었으며 관계도 훨씬 더 돈독해졌다.

심리학자인 시어즈의 연구에 따르면, 행복한 사람들이 그렇지 않은 사람보다 상대방의 장점을 발견하는 능력이 뛰어났다.

사람을 볼 때 긍정적인 면을 더 잘 보는 성향을 전문용어로 '긍정적 편향positive bias'이라고 한다. 바로 유재석이나 오드리 헵번 같은 사람들이 지닌 편향이다. 자신의 장점을 높이 평가해주는 사람에게는 누구라도 고마운 마음과 호감을 지닐 수밖에 없지 않겠는가. 사람들이 그런 상대와 많은 시간을 함께 하고 싶어하는 건 당연한 일이다. 그들과 함께 있으면 왠지 내가 썩 괜찮은 사람이라는 생각이 들면서 기분이 훨씬 더 좋아지기 때문이다. 이 모든 것이 바로 미켈란젤로 효과가 부리는 마술이다. 착각이 결국 진짜가 되는 마술 말이다.

'착각' 스스로 진단하기

거울 속 자신을 10초 동안 바라본 후, 다음의 각 항목을 읽고 자신의
모습이나 심정에 해당되는 것에 ✔표시를 해봅시다.

*각 항목당 1점씩 총 20점 만점

1 길거리에서 사람들이 나만 쳐다보는 것 같다. ☐

2 지금보다 예쁘거나 잘생기면 행복해질 것 같다. ☐

3 명품백을 들면 나의 가치도 올라간다고 생각한다. ☐

4 좋은 차를 사면 행복해질 것 같다. ☐

5 외모에 신경 쓰는 것은 시간 낭비라고 생각한다. ☐

6 운도 안 따라주는데 이 정도까지 온 건 다 내 덕이다. ☐

7 내가 아무리 노력해도 실패할 거라는 걸 안다. ☐

8 주변에 나를 도와주는 사람이 너무 없다. ☐

9 좋은 배경에서 태어났다면 성공했을 것이다. ☐

10 내 얼굴에 괜찮은 부분이 하나도 없다. ☐

11 나는 차라리 웃지 않는 모습이 더 낫다. ☐

12 서로 칭찬을 주고받는 것은 가식적이다. ☐

13 온라인상에서 인기 있는 사람들은 실은 외톨이라고 생각한다. ☐

14 남에게 내 마음을 솔직히 표현하는 것은 절대 손해다. ☐

15 여자가 남자에게 먼저 프로포즈하는 것은 어리석은 일이다. ☐

16 외모가 출중한 사람은 십중팔구 인물값 한다고 믿는다. ☐

17 남자는 예쁜 여자, 여자는 돈 많은 남자만 좋아한다고 생각한다. ☐

18 나보다 잘난 사람을 만나는 것은 가급적 피한다. ☐

19 성공한 사람들은 노력보다는 운이 좋았기 때문이다. ☐

20 상대가 어떤 스타일의 사람인지 금방 알 수 있다. ☐

▶ 16~20점 : 심각한 착각에서 하루빨리 빠져나오세요!

착각이 심각한 상황입니다. 자신만의 고정관념에 빠져 있군요. 불행은 환경 탓, 행복은 본인 덕이라고 생각하고 있습니다. 세상을 물질 만능주의로 보는 경향이 있고, 남에게 속을 절대 드러내지 않는 폐쇄적인 성향을 갖고 있네요. 세상을 염세주의적 시선으로 보며 외톨이로 살 가능성이 높습니다. 평소 마음이 맞는 사람이 있다면, 용기를 내어 먼저 마음을 열어보세요. 마음을 받아주면 좋은 일이고, 그렇지 않더라도 손해 볼 일은 없습니다. 이 세상에는 다양한 사람과 미처 경험하지 못한 일들이 많다는 사실을 기억하세요.

▶ 8~15점 : 이 정도의 착각은 누구나 갖고 있어요!

보통의 착각 수준에 해당됩니다. 평소 남의 시선을 의식하고, 자신만의 선입견에 빠져 있지만, 그것을 현명하게 극복할 가능성 또한 높습니다. 스스로 착각을 극복할 방법을 찾고, 자신의 착각이 진짜인지 다른 시각에서 바라보는 것도 필요합니다. 하지만 긍정적인 착각은 오히려 자신감을 주고, 인생을 유쾌하게 사는 데 도움이 될 수도 있다는 사실을 기억하세요. 만약 스스로 생각하기에 부정적인 착각이 많은 편이라면 주변에 마음에 드는 사람에게 칭찬을 해보세요. 그리고 그 사람의 반응을 보면서 자신의 생각과 다른 점이 무엇인지 살펴보세요.

▶ 7점 이하 : 긍정착각의 주인공이로군요!

착각과는 거리가 있습니다. 자신은 물론 주변 환경에 대해 열린 사고와 긍정적인 시각을 갖고 있습니다. '나는 이 정도면 꽤 괜찮아!'라고 긍정착각을 하며 주변에 긍정적인 기운을 전합니다. 유쾌한 긍정의 기운을 가진 사람들과 함께할수록 그 기운이 증폭된다는 사실을 기억하세요.

핑
계

CHAPTER 2

변명하는 인생은
피곤하다

나를 위한 방어본능,
셀프 핸디캐핑

옛말에 처녀가 아이를 낳아도 할 말이 있고 도둑질을 하다 걸려도 변명거리가 있다고 했다. 아무리 큰 잘못을 저지른 사람이더라도 자신이 그럴 수밖에 없었다는 나름의 이유를 마련해두고 있다는 뜻에서 생긴 말이다. 예나 지금이나 우리 주변에 핑계거리는 홍수처럼 넘쳐난다. 오늘은 비가 오니까 운동하러 가지 말아야지, 내가 영어를 못하는 건 남들처럼 어학연수를 가지 못해서 그런 거야, 시험이 너무 어렵게 나와서 시험을 망친 거지 공부를 안 해서가 아니라고, 방이 좁아서 치워도 지저분한 걸 어떡해 등등이 모두 다 같은 맥락이다. 즉, '핑계' 다. 우리는 왜 이렇게 허구한 날 핑계를 대고 있을까?

기대치를 낮춰서
방어하기

핑계는 사실 자신을 보호하기 위한 심리적 장치란 연구결과가 있다. 심리학 용어로 '셀프 핸디캐핑self handicapping'이라고 하는데, 이는 불리한 결과가 나올 걸 대비해 미리 자신의 핸디캡을 정해놓는 것을 말한다. 실제로 미국의 사회심리학자 버글래스Berglas와 존스Jones가 했던 실험을 살펴보자.

버글래스와 존스는 실험참가자들을 A와 B 두 그룹으로 나눈 뒤, 각각 쉬운 문제와 어려운 문제를 풀게 했다. 시험이 끝나고 두 그룹 모두에게 실제 결과는 숨긴 채 "모두 좋은 결과를 거뒀습니다"라고 전했다. 그리고 실험자들에게 다음과 같이 말했다. "여러분은 이제 다음 단계의 문제를 풀어야 합니다. 그 전에 두 가지 약을 선택할 수 있습니다. 첫 번째 약은 집중력과 두뇌회전 속도를 향상시켜주는 효능이 있고, 두 번째 약은 반대로 집중력을 저하시키고 머리를 멍한 상태로 만들어 문제를 푸는 데 어려움이 생길 겁니다."

과연 참가자들은 어떤 약을 선택했을까? 상식적으로 당연히 문제를 더 잘 풀기 위해 모두가 첫 번째 약을 복용했을 것 같지만 결과는 달랐다. 쉬운 문제를 푼 A그룹은 다음 시험도 쉬운 문제가 나올 것이라 예상하고 다시 좋은 결과를 받기 위해 첫 번째 약을 골랐지만, 어려운 문제를 풀었던 B그룹은 두 번째 약을 선택했다.

왜 그랬을까? 두 번째도 분명 어려운 문제가 나올 것이니, 결과가 나쁘면 약 핑계를 댈 수 있을 거라 생각한 것이다. 결국 일부러 자신을 불리한 상황에 처하게 해놓고 빠져나갈 구멍을 만들어 놓은 셈이다. '약을 먹으면 집중력이 떨어진다고? 그렇다면 시험 결과가 나쁠 경우, 약 핑계를 대면 되겠네.' 만일 결과가 좋으면 약을 먹었는데도 불구하고 잘 봤다는 이유로 더 주목을 받게 되니 금상첨화다.

결국 핑계란 만일의 상황으로부터 자신을 보호하기 위한 본능적인 심리기제인 셈이다. 실제로 학창시절에 친구들이 "공부 많이 했어?"라고 물을 때 솔직하게 "응, 밤을 꼴딱 새웠어"라고 말하는 이는 드물다. "공부는 무슨. 어제 드라마를 몇 편이나 봤는지 몰라. 왜 시험기간만 되면 드라마가 땡기니?"와 같은 말들을 늘어놓으며 한숨을 푹푹 내쉰다. 시험을 못 볼 걸 대비해 일부러 핑계를 대는 것이다. 공부를 많이 했음에도 불구하고 시험을 못 보면, 우스운 꼴이 될지도 모른다고 생각하기 때문이다. 나는 머리가 나빠서 시험을 못 본 게 아니라 '순전히 공부를 안 했기 때문이야'란 그럴듯한 핑계를 댈 여지를 남기기 위해서 말이다.

노래방에 갈 때도 "나한테 마이크 주지 마. 한 오백 년 만에 노래방 온 것 같아"라고 상대의 기대치를 미리 확 낮춰버

핑계를 잘 대는 사람은
거의 좋은 일을 하나도 해내지 못한다.

벤저민 프랭클린

린다. 하지만 그런 말을 하는 사람일수록 순식간에 가수로 빙의되는 걸 목격한 경험이 누구나 한 번쯤은 있을 것이다. 반주가 시작됨과 동시에 소파 위로 올라가 펄쩍 뛰면서 마이크를 돌리며 묘기를 부리기도 한다. 그런 식의 핑계도 역시 자신의 노래실력에 다른 이들이 실망할까봐, 감탄하지 않을까봐 미리 쳐두는 방어막인 셈이다.

자기합리화를 멈춰라

이처럼 셀프 핸디캐핑은 우리를 타인의 시선으로부터 보호해준다. 하지만 과하게 사용하면 곤란하다. 나이가 꽉 차도록 제대로 된 연애를 못 하는 경우, 셀프 핸디캐핑에 갇혀있기 때문인 경우가 많다.

"연애를 하고 싶어도 맘에 드는 남자가 있어야지."

"이상형이 어떤데?"

"남자가 키는 좀 커야지. 180cm 정도? 학벌도 좀 돼야지. '스카이sky'는 되어야 기가 안 죽지. 당연히 직업도 좋고 연봉도 높아야 결혼을 생각해보지 않겠어? 좋은 성격은 기본 중의 기본이고."

이쯤이면 눈이 하늘 꼭대기에 닿아있는 거다. 하지만 이렇게 눈이 높은 것 역시 셀프 핸디캐핑이다. 이상형을 못 만나서 연애를 못 하는 거란 핑계 속에 스스로 숨어들었기 때문이다. 그런 완벽한 남자는 세상에 있지도 않거니와, 그런 남자를 만나려면 스스로도 완벽한 여자가 되어야 한다. 그런데 자신의 현재상황은 직시하지 않고, 턱없이 높은 이상형 핑계만 대고 있다. 결국 이런 기준을 스스로 내려놓지 않으면, 정작 자신의 문제가 무엇인지 제대로 짚어볼 기회조차 갖지 못한다는 데에 문제의 심각성이 있다. 이것이 셀프 핸디캐핑의 간과할 수 없는 단점이다.

내가 신혼 초부터 가장 취약한 부분은 요리였다. 솔직히 요리하는 걸 별로 좋아하지 않는다. 좋아하지 않으니 하기가 싫어지고 그러다보니 요리에는 영 젬병이 되고 말았다. 신혼 때부터 남편에게도 웬만하면 외식하자고 졸랐다. "당신도 알다시피 내가 3남 4녀 중 막내잖아. 엄마가 부엌에도 못 들어가게 했어. 그러니 요리를 못할 수밖에 없지 않겠어?" 성격 좋은 남편은 허허 웃으며, 내 말대로 해주었지만 어디 시댁에서도 통할 리가 있을까. 결혼하고 한 집안의 며느리가 되어 처음으로 시댁에 가자, 시어머니께서 며느리 요리 한번 드시고 싶다며 말씀하셨다. "영실이가 해준 냉면 한번 맛보면 더위가 싹 날아갈 것 같은데!" 냉면이라고 해봐야, 물 끓이고 포장된 양념장만 넣으면 되는 인스턴트였지만 그조차 제대로 해본 적 없던 나는 물은 2인분을 붓고, 면은 4인분을 넣었다. 결국 물이 너무 졸아 냉면은 채 익기도 전에 냄비 바닥에 들러붙었다. 그걸 본 시어머니께서는 혀를 끌끌 차신 후 그 뒤로 내게 요리를 시키지 않으셨다. "널 시키느니 내가 하는 게 속 편하다." 나는 죄송하고 민망했지만 한편으론 요리로부터 해방되었다는 생각에 안도감이 들었다. 그래서 명절마다 아예 어머니에게 애교 넘치는 핑계를 대고 시작한다. "어머니, 제가 하면 그때 그 냉면처럼 될 텐데 괜찮을까요?"

그렇게 처신하게 된 그 길로 나는 시집온 지 근 20년이 다 되어가는 지금까지 제대로 된 요리 하나 할 줄 모르는 철없는 외며느리로 살고 있다. 친구들은 몸이 편하니 얼마나 좋으냐며 부러워했지만, 시간이 지날수록 후회가 일었다. 잘하든 못하든 사랑하는 가족을 위해 요리를 하고, 그걸 맛있게 먹는 식구들을 볼 때 느끼는 행복감이 얼마나 큰지 알기 때문이다. 나는 과도한 셀프 핸디캐핑 때문에, 누릴 수 있는 행복 하나를 포기한 셈이었다. 요즘이 되어서야 나는 한두 권씩 요리책을 사 모으기 시작했다. 더 이상 핑계 대지 않고 직접 내가 요리를 해보기 위해서다. 셀프 핸디캐핑이라는 새장의 문을 스스로 열고 나오려 애쓰고 있다.

핑계 대지 않는
사람의 여유

핑계를 잘 대는 사람들이 자주 쓰는 말이 있다. 바로 '무엇무엇 했더라면……'이 그것이다. 우리집이 조금만 부자였더라면, 내 키가 조금만 더 컸더라면, 학벌이 좋았더라면, 내 얼굴이 연예인처럼 예뻤더라면 등등 아쉬움을 온통 환경 탓으로 돌리는 것이다. 하지만 탓을 해봤자 기분만 우울해질 뿐 변하는 건 아무것도 없기에 더욱 허무하고 우울해지는 악순환에 빠지기 일쑤다.

'내가 어학연수만 갔더라면, 지금쯤 원어민만큼 영어를 잘할텐데' 같은 건 아주 전형적인 가정법 핑계다. 하지만 외국 땅 한 번 안 밟은 사람들 중에서도 원어민 뺨치게 영어를 하는 사람들이 많은 걸 몰라서 하는 말은 아닐 것이다. 미국 드라마를 보면서 공부할 수도 있고, 한국에 거주하는 외국인에게 도움을 요청할 수도 있다. 오히려 그렇게 노력해서 영어를 유창하게 하게 되면, "외국에도 안 나갔는데 그렇게 영어를 잘 한다니 정말 대단하시네요" 하는 뭇사람들의 칭찬과 부러움이 이어질 것이고 무엇보다 자긍심이 분명 한 단계쯤은 높아질 것이다. 핑계를 대지 않는 사람이 되는 길은 문제가 있을 때 해결 방법을 스스로 찾아내는 것이다.

외모에 자신이 없다면
다른 매력을 어필하라

중학교 동창 중에 소위 전설로 통하는 친구 한 명이 있다. 늦은 나이에 누가 봐도 부러울 만한 세 살 연하의 '훈남'과 결혼했기 때문이다. 결혼식에 초대받아 간 나와 내 동창들은 신랑의 훤칠한 외모를 보고 모두 믿을 수 없는 일이라며 기함할 지경이었다. 그에 비해 신부의 외모는 솔직히 한참 못 미쳤다.

친구는 키가 작고 뚱뚱했다. 사춘기 때 여드름이 많이 나서 귤 껍질이란 별명을 얻기까지 했다. 성인이 되어서도 외모는 크게 나아지질 않았다. "나도 알아. 내 외모가 훌륭하지 못한 거. 근데 이렇게 타고난 걸 어떡하니. 받아들여야지. 작은 키를 쭉 늘릴 수도 없고. 다이어트는 아무리 해도 조금만 먹으면 다시 제자리야. 얼굴도 못생긴 건 알지만 그렇다고 성형을 하고 싶진 않아. 대신 나는 다른 매력을 키워볼 참이야."

그녀는 비록 외모에서는 돋보이지 않지만, 어디에서든 사람들의 주목을 끈다. 누구 못지않게 늘상 갈고 닦아온 박식함과 유머러스함에서 내비치는 지성미 때문이다. 누구라도 그녀와 대화하다보면 그녀만의 매력에 풍덩 빠질 정도다. 훈남 남편도 그녀의 그런 매력에 푹 빠진 것처럼 보였다. 결혼식장에서 신부를 바라보는 신랑의 눈빛에 사랑이 뚝뚝 묻어나고 있었다. 그녀야말로 핑계 대지 않고 적극적으로 자신의 인생을 디자인한 결과 남들이 부러워하는 훌륭한 배우자를 만날 수 있었던 것이다.

나는 한 재단에서 주최하는 멘토·멘티 모임을 진행한 적이 있다. 이곳에는 전국각지에서 모인 학생들이 멘티로 참여한다. 그러다보니 특징들도 제각각이다. 처음에는 학벌도 좋고 외모도 훈훈한 친구들이 동료 멘티로 인기가 좋았다. 하지만 시간이 갈수록, 눈에 보이는 조건들은 다소 부족하더라도 과제완수를 어려워하는 다른 동료 멘티의 과제를 솔선수범해서 도와주는 멘티, 남들이 꺼려하는 발표나 현장방문 등을 책임감 있게 맡고 팀워크를 주도하는 멘티들이 더 인기가 좋았다. 외적인 매력보다 내적인 매력을 발산하는 친구들이 더 주목을 받기 시작한 것이다. 그들이 만일 외모나 다른 눈에 보이는 기준 등에 기가 죽어 멘티 활동에 소극적이었다면 이런 일종의 반전이 일어났을까?

핑계 없는
솔로 없다

정기적으로 진행하는 멘토·멘티 모임에 참여하는 한 스무 살 여대생 멘티의 얼굴이 유난히 밝고 빛났다. "뭐야, 왜 이렇게 예뻐진 거야? 남친 생긴 거야?" 다른 멘티들도 그녀의 달라진 모습을 단박에 눈치 채고 꼬치꼬치 캐묻기 시작했다. 역시나 우리의 예상대로 그녀는 핑크빛 로맨스를 시작했다고 말하며 얼굴을 붉혔다. 우리는 금세 수다쟁이가 되어 어떤 남자냐, 어떻게 만났냐 등등 쉴 새 없이 그녀의 연애스토리에 대한 궁금증을 쏟아냈다.

"어머 어머, 근데 남자친구가 어떻게 대시한 거야?"
"제가 먼저 대시했어요."

순간 우리 모두는 놀라서 입을 다물지 못한 채, 차마 믿지 못하겠다는 표정으로 그녀를 쳐다봤다. 늘 수줍은 미소에 조근한 목소리로 할 말만 하던 그녀였기에 그런 적극성을 보일 거라고는 전혀 생각하지 못했기 때문이다.

"솔직히 여자가 먼저 대시하면 매력 없다고들 주변에서 조언해서 저도 망설였어요. 근데 그건 그냥 여자들이 만들어낸 핑계 같더라고요. 계속 우물대다 제가 좋아하는 사람을 놓치면 어떡해요. 그래서 제가 먼저 나와 만나보지 않겠냐고 말해버렸어요."

대신 그녀는 적극적으로 대시한 후 '치고 빠지기' 수법을 써야 한다고 제법 진지한 조언까지 덧붙였다. 적극적으로 대시한 뒤에는 살짝 발을 떼고 거리를 두어야 상대가 안달이 나서 더 다가온다고 말이다. 제일 어린 후배 멘티의 지혜로운 조언에 우리 모두는 경청하며 고개를 끄덕일 수밖에 없었다.
나는 그 멘티의 말을 듣고 아직 인연을 못 만난 수많은 남녀들이 자기가 솔로인 걸 '운명 탓'으로 돌리는 핑계에 빠져 있다는 생각이 들었다. 남자를 만날 기회가 없다는 말 역시 핑계다. 젊은 남자들이 자주 갈 법한 헬스장이나 자전거타기 동호회 등에 적극적으로 나가면 자연스럽게 이성을 만날 기회가 많아질 것이다. 솔로들끼리 만날 모여 술 마시며 신세한탄을 해봤자, 결론은 내년에도 솔로일 뿐이다. 독신은 아닌데 오랜 시간 솔로라면 이런저런 핑계를 버리고, 보다 열린마음으로 활동범위를 넓혀가면서 적극적으로 활동해보는 건어떨까.

하반신 마비 흑인선수, 아베베의 위대한 승리

《탈무드》에 '승자는 일곱 번 쓰러져도 여덟 번 일어서고, 패자는 쓰러진 일곱 번을 후회한다'는 말이 있다. 쓰러진 걸 핑계로 누워버리지 않고, 쓰러지는 힘을 반동으로 되살려 다시일어난 승자가 실제로 있다.

1960년 9월 로마올림픽에서 맨발로 투혼한 선수가 있었다. 출발선에 선 69명 중 이 흑인 선수를 주목하는 이는 아무도 없었다. 그저 참가하는 데 의의를 두는 선수라고 생각했다. 하지만 그는 맨발로 2시간 15분 16초란 세계신기록을 세우며 결승선을 통과했다. 아프리카 흑인 사상 최초의 올림픽금메달리스트였다. 그가 바로 아베베다.

아베베는 그로부터 4년 뒤 도쿄에서 올림픽 마라톤 2연패를 달성하면서, 흑인은 장거리를 달릴 수 없다던 전문가들의편견을 한 방에 시원하게 날려버렸다. 흑인은 다른 인종에 비해 엉덩이 근육의 파워존과 속근 섬유질이 발달해 단거리에는 유리하지만 지구력을 요하는 장거리에는 불리하다는 것이 전문가들의 설명이었다. 하지만 그들은 아베베 앞에서 더 이상 그런 말을 할 수가 없게 되었다.

아베베의 승리를 예상치 못했던 시상식장에서 미처 에티오피아 국가를 준비하지 못해 일본 국가가 울려퍼지는 웃지 못할 해프닝까지 발생했다.

"고통과 괴로움에 지지 않고 마지막까지 달렸을 때 승리가 찾아왔다."

그렇게 아베베는 위대한 영웅이 되었다. 그런데 맨발의 영웅에게 불행이 찾아왔다. 빗길에 자동차 사고를 당해 하반신이 마비된 것이다. 그는 그때에도 절망하지 않았다. 그는 노르웨이에서 열린 장애인 올림픽 대회에 출전해 양궁과 탁구, 눈썰매 경기에서 보란 듯이 금메달을 획득했다.

"내 다리는 더 이상 달릴 수 없다. 하지만 내게는 두 팔이 있다."

시상대에 서서 외치는 그의 모습에 전 세계의 팬들은 깊은 감동을 받았다.

인간은 단지 행복하기를 원하는 게 아니라,
남들보다 더 행복하기를 원한다.
그런데 우리는 무조건 남들이 우리보다
더 행복하다고 생각하기 때문에
행복해지기 어려운 것이다.

세네카

상황과 환경 핑계 대지 않고 자신과의 싸움에서 이긴 아베 베야말로 인생이라는 종목의 금메달리스트가 아닐까.

미국의 제16대 대통령 에이브러햄 링컨은 이렇게 말했다. "신세한탄을 하는 시간에 포기하지 않고 일어설 수 있는 의지를 불태운다면 얼마든지 그 속에서도 행복을 찾을 수 있습니다." 수많은 핑계 속에 갇혀 행복의 주인공이 되지 못하는 우리가 곱씹어야 할 명언이다. '내가 ~ 했더라면'이라며 신세한탄하면서 시간을 낭비하지 말자. 원하는 자신의 모습을 향해 용기 있게 한 걸음 내딛어볼 일이다.

매력적인 사람들의
특별한 핑계법

핑계가 반드시 나쁜 건 아니다. 특히 남의 부탁을 거절할 때 무턱대고 싫다고, 할 수 없다고 말하기보단 그럴듯한 핑계를 대는 게 훨씬 자연스럽다. 이런 핑계는 거절을 위한 유연한 처세술로 오히려 잘 이용하는 게 좋다.

그런데 거절을 위한 핑계를 세련되게 하는 데에도 노하우가 필요하다. 부단히 노력해야 얻을 수 있다. 대충 둘러대봤자, 상대방은 여지없이 '하기 싫으니까 핑계 대는구나'라고 생각할 뿐이다. 진짜 어쩔 수 없는 사연이 있어서 거절을 하는 경우에도 세련되지 못하게 말하면 있는 그대로의 의미 전달은커녕 오해만 사기 일쑤다.

내가 강의를 하고 있는 대학에 외지인들에게 학교를 홍보하는 일을 하는 동아리가 있는데 언젠가 내게 도움을 요청해왔다. 처음엔 핑계가 아니라 진짜 너무 바빠 거절을 했는데, 얼마 전에 다시 재요청을 해왔다. 좋은 취지로 하는 일이니만큼 나 역시 이번에는 꼭 도와주고 싶었다. 기분 좋게 승낙을 해놓고 보니, 이게 웬일. 스케줄러를 확인해본 결과 그날 이미 중요한 일정이 잡혀있었다. 빨리 전화해서 사정을 얘기하고 바꿨으면 별 탈이 없었겠지만 괜히 민망한 마음에 차일피일 연락을 미뤄버렸다. '지난번엔 거절하더니 이번엔 날짜를 바꾸는구나'라고 오해할까봐 상황을 회피해버린 것이다. 그러다 결국 약속일이 코앞에 닥쳐서야 전화기를 들었다. "어떡하죠. 제가 그날 다른 일정이 있다는 걸 깜빡했어요. 정말 미안해요." 동아리 회장은 나의 구구한 변명에 몹시 실망하는 눈치였다. "아쉬워요, 교수님. 학생들이 많이 기대하고 있는데, 실망이 이만저만이 아닐 거예요." 이 말을 듣는데, 진짜 쥐구멍이라도 있으면 들어가고 싶었다. 차라리 바로 솔직하게 양해를 구했더라면 이렇게까지 부끄럽진 않았을 텐데 말이다.

세련되게
거절하는 방법

그러다 고수 한 분을 만났다. 얼마 전부터 한 문화월간지에 매달 한 명씩 CEO를 만나 인터뷰를 진행하는 일을 하고 있었는데, 평소 안면이 있던 푸르덴셜 손병옥 사장을 섭외하고 싶었다. 그래서 전화를 드렸더니 그녀가 내 제안을 듣고 이렇게 말했다. "어머, 너무 영광이죠. 저도 그 잡지 매달 읽고 있답니다. 특히 인터뷰는 아주 꼼꼼히 읽어요. 그런데 정말 죄송하게도 이번에는 일정상 힘들 것 같아요. 대신 제가 그 인터뷰에 꼭 맞는 분을 알고 있는데, 추천해드려도 될까요?" 그렇게 내게 적임자를 추천한 후 그녀는 말을 이어갔다. "그나저나 여전히 바쁘시죠? 항상 박 대표님을 생각하면 기분이 좋아진답니다. 어쩜 그렇게 부지런하시고 에너지가 넘치세요? 언제 만나면 그 비결 좀 알려주세요."

똑같은 거절을 위한 핑계인데도 전혀 핑계 같지 않고 자연스러운 데다 기분까지 좋아졌다. 고수와 하수는 이런 데서 차이가 난다는 걸 인정할 수밖에 없었다. 그녀는 적절한 대안을 함께 제시하면서 나는 물론 내가 처한 상황까지 배려해 준 것이다. 게다가 '지금은 상황이 여의치 않아 핑계 아닌 핑계를 대지만 나는 평소에 습관적으로 그러는 사람이 절대 아니다'라는 사인을 주는 것 같았다. 그녀의 거절법은 '나도 다음번엔 꼭 저렇게 해봐야지'라고 생각할 만큼 멋졌다.

거절할 기회는 의외로 빨리 찾아왔다. 도저히 진행하기 어려운 주제의 강의 요청이 들어온 것이다. 예전 같으면 직접 거절하기가 어려워 미적거리다 적절한 타이밍을 놓쳐 발을 동동 굴렀을 것이다. 하지만 나는 좋은 거절이란 무엇인지를 완벽한 사례를 통해 보고 배웠다. 그래서 이렇게 거절해보았다.

"강의 의뢰해 주셔서 고맙습니다. 그런데 죄송하게도 그 주제는 솔직히 자신이 없어요. 학습자들에게 기대하시는 만큼 만족스러운 강의로 보답하기 어려울 것 같거든요. 대신 서비스나 이미지 관련한 주제라면 일정만 허락된다면 언제든 도움을 드리겠습니다. 죄송합니다."

비록 거절했지만 나의 태도에서 진정성이 느껴졌는지 상대는 흔쾌히 이해해주었고, 나도 마음이 가벼웠다. 나를 한 단계 업그레이드할 수 있게 해준 손병옥 사장에게 고마운 마음이다.

화가 이중섭의
복숭아 그림

대안을 제시하는 것 말고 솔직함이라는 무기도 있다. 꼼수라는 게 눈에 보이지만, 그럼에도 불구하고 솔직함으로 상대방을 무장해제시키는 것 말이다.

화가 이중섭은 생전에 일본에서 고생 중인 아내를 만나러 가기 위해 비행기 삯을 마련해야 했다. 그래서 그의 인생에서 처음이자 마지막으로 개인전을 열었다. 반응은 뜨거웠다. 신문에는 그의 작품을 격찬하는 기사들이 연일 쏟아졌으며 그림은 단 며칠 만에 판매가 완료되었다. 하지만 정작 그의 마음은 무거웠다. 단순히 돈을 벌겠다는 이유로 내키지 않는 전시회를 열었다는 예술가적 자책을 이기기 어려웠던 것이다. 그림을 사겠다는 사람이 나타날 때마다 기쁘기는커녕 자신의 삶을 속인 것 같아 괴롭기만 했던 이중섭은 결국 그림값을 내고 돌아서는 이의 옷소매를 붙잡고 말했다.

"솔직히 아직 공부가 덜 된 것입니다. 앞으로 더 좋은 작품을 그려 지금 사가신 것과 꼭 바꿔드리겠습니다."

그림을 산 사람이 무슨 생각을 했을까? '뭐야, 완성도 떨어지는 그림을 내게 팔려고 했단 말야?' 하며 성을 낸 사람은 아마 한 명도 없었을 것이다. 그의 진심에 도리어 크게 감동했을 것이다. 자기 자신에게 핑계 대지 않음은 물론 남을 속이지 못하는 화가 이중섭의 때묻지 않은 순수함이 느껴지는 일화가 아닐 수 없다.

어디 그뿐인가. 절친한 친구였던 시인 구상이 병원에 입원했을 때였다. 전생에 부부나 형제가 아니었을까 싶을 만큼 두 사람은 막역한 사이였다. 그러니 구상 시인의 입장에선 자신이 아프다는 소식을 듣고 제일 먼저 달려올 사람이 이중섭일 거라 믿어 의심치 않았다. 그런데 어찌 된 일인지 며칠이 지나도 이중섭이 찾아오질 않는 것이다. 아주 뒤늦게야 그를 찾아온 이중섭이 쑥스럽게 웃으며 말했다.

"미안하네. 일찍 달려오려 했지만 어디 빈손으로 올 수 있어야지!"

이중섭의 형편을 잘 아는 구상은 그의 소심함을 나무랐다.

"이 사람아, 그게 무슨 소린가? 빈손으로 오면 어때서!"

이중섭은 쭈뼛거리더니 들고 온 꾸러미를 내밀었다.

"아니 이게 뭔가?"

"내 정성일세. 서둘러 올 수도 있었지만, 이걸 그려 오느라고 좀
　늦었네."

꾸러미를 풀어본 구상의 두 눈이 휘둥그레졌다.

"이게 무슨 그림인가?"

"천도를 그린 거라네. 예로부터 이 복숭아를 먹으면 무병장수한
　다고 하지 않던가. 그러니 자네도 이걸 먹고 병상에서 빨리 일어
　나게."

　세상에서 가장 아끼는 친구를 위해 과일 한 알조차 살 수
없었던 이중섭. 대신 그는 과일 그림을 정성껏 그려온 것이었
다. 그것도 무병장수를 상징하는 천도로 말이다. 구상은 친구
의 깊은 마음에 뜨거운 눈물을 흘릴 수밖에 없었다. 이런 핑
계는 더 이상 핑계가 아니다. 오해로 토라진 상대방의 마음을
스르르 녹여버리는 가슴 뻐근한 감동이다. 이런 핑계는 묵직
한 진심으로 여겨질 수 있지 않겠는가.

대안 제시와
솔직함의 힘

화가 이중섭의 일화만큼은 아니겠지만, 나 역시 학생들을 통해 비슷한 감동을 느낀 적이 많다. 강의를 하다보면 전화기에 불이 나는 기간이 있다. 바로 성적 이의신청 기간이다. 그때만 되면 사연 많은 학생들의 전화와 이메일로 휴대폰과 컴퓨터가 터질 듯 뜨겁다. 그런데 아쉽게도 남 탓을 하거나, 자기 잘못을 인정하지 않는 학생들이 많다.

> "학점이 기대 이상으로 안 나왔어요. 출석 일수 때문에 점수를 깎으신 것 같은데 4월 23일에는 지각하지 않았습니다. 출석 체크 기계가 제대로 작동이 안 되어 그럴 거예요. 진짜입니다. 이번에 학점이 안 좋으면 저는 졸업을 못 합니다."

내 기준에선 솔직하지도 않게 느껴지고 설득력도 없다. 무조건 졸업하기 위해 학점을 잘 받으려 애쓰는 인상만 강하게 남을 뿐이다.

> "팀플레이로 진행한 과제의 성적이 낮아 학점이 낮게 나온 것 같은데, 그건 제 잘못이 아니라 팀원을 잘못 만났기 때문이에요. 저는 진짜 열심히 했거든요."

이렇게 말하는 학생들도 제법 많다. 하지만 경험상 이런 학생치고 팀 기여도가 높은 경우는 거의 없다. 반면 교수 입장에서 진심으로 도와주고 싶은 학생들이 있다. 솔직하게 자기 잘못을 인정하고, 대안을 제시하는 학생들이다.

"교수님, 한 학기 동안 알찬 강의 해주셔서 고맙습니다. 지난 학기 동안 가장 좋은 강의라고 생각해서 나름 최선을 다해 과제도 하고 수업참여도 했습니다. 그런데 제가 교생 실습을 다녀오고 취업을 준비하는 바람에 그만 출석을 성실히 하지 못해서 성적이 기대만큼 나오지 못한 것 같습니다. 솔직히 제 불찰을 인정합니다. 이제 와서 이렇게 연락드려 사실 송구하기도 하고요. 그런데 교수님. 제가 이 과목에서 조금 더 나은 학점을 받지 못하면 졸업이 어렵습니다. 제가 지난 최종과제에서 교수님께 받은 피드백을 토대로 보충 리포트를 준비해보았는데 바쁘시겠지만 한 번 검토해주시면 감사하겠습니다."

먼저 한 학기 동안 강의를 진행한 교수에게 감사를 표하는 마음이 기특하다. 물론, 내가 진행한 과목이 가장 좋았던 강의였다는 말은 뻔한 거짓말일 확률이 높지만 그래도 듣는 사람 입장에서 기분이 나쁠 리 없다. 게다가 '출석이 저조한 자신의 불찰을 인정한다'는 솔직함에서 '아직 공부가 덜 된 그림입니다'라고 말하는 이중섭의 진솔함이 느껴진다. 더불어 시키지도 않은 추가 리포트를 준비한 성의는 손병옥 사장이 내게 보여준 대안 제시나, 진짜 복숭아 대신 복숭아 그림을 들고 문병 온 이중섭의 진심과도 같은 맥락이 아니겠는가. 이런 경우엔 아무리 바쁘더라도 제출한 리포트를 검토하고 학점을 올릴 만한 부분은 혹시 없는지 긍정적으로 다시 확인해 보게 된다. 솔직함, 그리고 대안 제시가 지닌 힘은 이렇게 상대방의 마음을 움직인다.

실제로 제35대 브라질 대통령 룰라 다 실바Lula da Silva는 선거 때 솔직함과 대안 제시로 대통령에 당선되었다.

"저는 아무것도 내세울 게 없습니다. 초등학교도 졸업하지 못하고 가난한 구두닦이, 세탁소 점원, 전화교환원을 하면서 어렵게 살았습니다. 또한 저는 여러분과 새끼손가락을 걸고 약속할 수도 없습니다. 왜냐하면 금속공장에서 사고로 새끼손가락을 잃었기 때문이지요. 하지만 가슴으로 약속드리겠습니다. 저와 같은 브라질의 룰라들을 절대 외면하지 않고, 그들의 희망이 되어주겠다고 말입니다."

그가 선거유세 때 국민들 앞에서 했던 말이다. 자신의 불우한 과거를 조금의 포장도 없이 솔직하게 드러냈다. 대신 그는 자국의 고질적인 빈부격차를 해소시켜 가난한 사람이나 부자 모두 사람답게 살 수 있는 브라질을 만들겠다고 약속했다. 결국 그는 75%의 지지율을 얻어 브라질의 대통령이 되었다. 솔직함과 대안 제시의 힘은 평생 어떤 증서 하나 받지 못한 그에게 대통령 당선증을 안길 만큼 위대했다. 물론 그는 대통령 당선이 된 이후 2주에 한 번씩 재무장관을 월스트리트에 파견하고 투자자들에게 브라질 재정의 고질적인 문제점을 적나라하게 보고하는 등 자신의 공약을 구체적으로 실천했다. 그리고 임기 8년 동안 국가부채를 모두 해결하고 가난에 허덕이던 브라질을 세계 8위의 경제대국으로 만들어놓는 신화를 이뤄냈다.

송시열의 뺨을 후려친 무관

상대의 마음을 움직이는 방법으로 무릎을 탁 치게 할 만한 재치와 기지도 있다.

옛날 주막집에 갑작스런 소나기를 피해 들어온 한 선비가 있었다. 그리고 뒤이어 무관 한 사람이 역시 비를 피해 주막으로 들어왔다. 그렇게 이 둘은 한 방에서 한참 동안 앉아 있게 되었다. 긴 침묵을 깨고 무관이 먼저 입을 열면서 대화가 시작되었다.

"영감은 감투를 쓴 걸 보니 벼슬 한 자리 한 모양인데……. 그래, 무슨 벼슬을 했나?"

"예, 벼슬이라야 뭐 대단하겠습니까?"

"성명이 뭔고?"

"예. 성은 송이옵고, 이름은 시열이라 합니다."

그렇다. 이 선비는 효종과 현종 때에 좌의정을 지냈으며 당세에 대학자로 명망이 두터웠던 우암 송시열이었던 것이다. 상대의 이름을 듣고 당황한 무관은 얼굴색이 단번에 파래졌다. 하지만 그것도 잠시, 다짜고짜 송시열의 따귀를 냅다 후려갈기며 고래고래 소리치는 게 아닌가. "이 고약한 첨지놈! 네 어찌 우암 송시열 대감의 존함을 사칭하는고? 우암 대감으로 말할 것 같으면 인품과 문장과 식견으로 일세를 풍미하는 분이시거늘!" 그러더니 문을 박차고 나가 뒤도 돌아보지 않고 줄행랑을 쳤다. 그런 무관의 모습을 지켜본 송시열은 얼얼한 뺨을 어루만지며 찬사를 내뱉었다. "허허, 핑계치고는 참 기가 막힌 핑계로다! 실로 대장부의 기지로구나! 능히 큰일을 맡길 만하다." 후에 송시열은 주막집 주인을 통해 그 무관을 수소문해 찾았고 그를 평안병사로 임명했다.

물론 이런 황당한 상황은 만들지 않는 게 상책이다. 상대의 처지에 상관없이 허세를 부리는 것 역시 금물이다. 하지만 재치와 기지를 발휘해 화가 잔뜩 나 있을 상대방을 다독여준 센스는 가히 대단하지 않은가. 어쨌든 송시열의 말처럼 '핑계치고는 참 기가 막힌 핑계'에 담긴 기지는 경우에 따라 상대의 마음을 얻는 비법이 되기도 한다.

잘 되면 내 덕,
못 되면 네 탓

다른 사람이 내 앞에서 자꾸 핑계를 대면 그것도 곤란하다. 잘못을 내 탓으로 돌리면서 책임을 전가하는 것 말이다. 그럴 때는 속수무책 당하고 있어야 할까. 물론 이보다 더 큰 실수는 내 잘못을 남에게 전가하는 일이다. 잘 되면 내 덕, 못 되면 남 탓이란 말처럼 잘 안 풀리는 일은 꼭 남 탓을 하는 심리야말로 잘못된 핑계가 아니고 무엇일까. '우리 김 대리 때문에 못 살아, 우리 남편 때문에 못 살아, 그 사람이 조금만 잘했어도 이혼까진 안 갔을 거다' 등등 각종 문제의 원인을 상대방에게 돌리기 전에 생각해봐야 할 게 있다.

핑계 대는
부하직원 다루기

멘토·멘티 모임에서 만난 김 과장은 신입사원 때문에 골치가 아프다며 내게 하소연했다. "업무를 맡기면 지시한 대로 안 하고 꼭 엉뚱한 보고서를 갖고옵니다. 지시받을 때 잘 모르겠다고 하면 다시 설명해줄 텐데, 매번 다 알아들었다며 고개를 끄덕인단 말이지요." '신입사원이니 일이 서투른 건 당연하니까 좀 참자' 하고 있는데 같은 일이 몇 차례 반복되어서 결국 꾸지람을 했더니 돌아온 말이 가관이었다. "과장님이 분명 지난번 그렇게 지시하셨습니다. 제가 이 두 귀로 똑똑히 들었습니다." 이렇게 우기기까지 하니 울화통이 터질 노릇이었단다.

"진짜 스트레스가 이만저만이 아니었겠어요." 내가 공감을 해주자 그가 갑자기 씩 웃더니 말했다. "그래서 제가 묘안을 냈지요. '요즘 여기저기서 업무지시가 많아 힘들지? 특히 내가 좀 말이 빨라서 자네가 놓치는 부분도 많을 거야. 그래서 말인데 지금 내가 말하는 내용을 녹음해서 줄까 하는데 어떻겠나. 혹시 놓치는 부분이 있더라도 녹음파일을 다시 들으면서 체크하면 서로 편할 것 같은데' 라고 말했지요."

처음에는 뭐 그렇게까지 하나 싶은 표정을 짓던 신입사원도 결국 자신의 업무 처리가 나아지는 걸 스스로 확인하곤 지금은 만족스러워한단다. 생각해보면 "네가 분명히 그때 그렇게 말했어"라고 우기는 사람들이 있다. 의도된 거짓말일 수도 있지만 문제에 책임을 지는 것이 두려워 자신을 왜곡된 방법으로 위로하는 것일 수도 있다. 그럴 때마다 '어휴, 나 참 녹음을 해놓을 수도 없고' 하면서 속으로 투덜댄 경험, 누구나 있을 것이다. 그런데 요즘엔 스마트폰만 있으면 녹음하기도 편하니, 불가능한 일도 아니다. 한번 시도해보자. 남 핑계 대는 버릇이 쏙 들어갈 것이다. 물론 녹음하는 행동이 법적인 문제를 일으키면 곤란하다. 하지만 그런 경우가 아니라면 상대방의 동의를 구한 후 해볼 만하다.

병사의 종기를 빨아준 오기 장군의 리더십

천하를 얻는 것보다 사람의 마음 하나를 얻는 게 더 어렵다고들 한다. 조직의 리더라면 더욱 공감할 것이다. 그래서 그런 걸까? 수많은 리더들로부터 이런 이야기를 자주 듣는다.

'내 주변에는 인재가 너무 없어! 그래서 내가 승진을 못 한다고!'
'요즘 신입사원들은 너무 되바라졌어. 옛날 같지가 않아.'
'내가 부하직원을 모시고 있다고. 요즘은 부하가 상전이라니까.'

도대체 조직이 왜 이렇게 변해가는지 원…….'

'부하직원들은 잘해줘봤자 소용이 없어. 고마움을 모른다고!'

하지만 다 핑계다. 모든 잘못을 부하직원의 탓으로 돌리고 있지 않은가. 결국 이렇게 되면 부하직원들 역시 목에 핏대를 세우고 상사의 뒷담화를 할 게 뻔하다. 무능하고 성격만 나쁜 상사 만나서 제대로 되는 일이 하나도 없다고 말이다.

중국 전국시대 위나라에는 싸움에서 단 한 번도 패한 적이 없는 오기吳起라는 장군이 있었다. 오기는 맹장이라기보단 덕이 많고 존경받는 장군이었다. 신분이 가장 낮은 병사들과 똑같은 옷을 입고 함께 밥을 먹었다. 잠을 잘 때에도 똑같이 바닥에서 잤으며 행군할 때에도 말이나 수레를 타지 않고 자기가 먹을 식량은 직접 가지고 다니는 등 병사들과 함께 고통을 나눌 정도였다. 그런 리더이니, 병사들의 충심이 얼마나 두터웠을까. 실제로 병사들은 장군의 명령이라면 몸 사리지 않고, 물러서지 않고 전투에 임했다.

그러던 어느 날 한 병사가 다리에 난 종기가 곪아 잘 걷지 못하자, 오기 장군은 손수 종기를 짜준 다음 입으로 누런 고름을 빨아주었다. 그 소식을 들은 병사의 어머니는 고마워하기는커녕 갑자기 대성통곡하였다. "아니, 왜 그렇게 우시오?

장군님이 아들을 살렸다 하질 않소?" 동네사람들이 그녀를 위로하자, 그녀는 이렇게 말하며 더 크게 울었다.

"우리 애 아버지가 전사한 이유가 뭔지 아세요? 그때도 장군님이 그의 종기를 빨아주었다고요. 결국 그 사람은 자기 몸 돌보지 않고 싸우다가 적진에서 숨을 거뒀어요. 그런데 또 우리 아들의 종기를 빨아주셨다니, 이번에도 애가 죽기살기로 싸우다 전사할 겁니다."

조직이 어려울수록 부하를 진심으로 아끼고 결국 그들의 충성심을 이끌어내는 오기 장군식 리더십이 필요하다. 부하직원들의 뜨거운 신뢰를 얻고 싶은 상사라면 되새겨볼 일화다.

시들해진 감정에 세월 탓하지 말자

부부동반 모임에서 만난 지인은 다른 사람의 시선 따윈 신경 쓰지 않고 자기 아내에게 '달링, 허니' 등 간지러운 호칭을 서슴없이 사용했다. 그 말을 듣는 아내는 애교가 없이 무뚝뚝한 편이었다. 그럼에도 남편의 그런 애정표현이 싫지 않은지 빙그레 웃고 있었다. 그 둘을 신기하게 바라보던 내가 "참 금

슬도 좋으셔요"라고 웃으며 말하자, 장난기 가득한 눈을 찡긋하면서 그가 내게 말했다. "쉿, 사실은 몇 년 전부터 아내의 이름이 기억이 안 나서 그래요." 그의 농담에 우리 모두는 한참을 깔깔 웃었다.

모임에서 돌아오면서 나는 수많은 부부관계에 대해서 생각했다. 처음엔 '너 없인 못 산다'고 시작된 관계가 권태기를 거치면서 '너만 없으면 살 것 같다'로 변한다는 우스갯소리가 모든 부부에게 어느 정도는 맞아떨어지는 게 사실이다. 그렇게 감정이 시들해지고 관계가 소원해지는 걸 두고 '부부란 원래 그런 사이 아니냐?'며 웃는 일은 못내 씁쓸하다. 배우자의 못난 점 때문에 관계가 이렇게 된 거라며 상대 험담을 늘어놓는 일도 때로 속은 시원하나 씁쓸하기 그지없는 일이다. "이 사람이 얼마나 무뚝뚝한지 알면 우리 사이가 왜 이런지 이해가 될 거예요.", "이 사람처럼 애교 없는 여자는 처음 봐요. 제가 한눈을 팔 수밖에 없다니까요."

하지만 이 또한 다 핑계다. 뇌의학적으로는 3년이 지나면 모든 사랑의 감정은 시들해진다고 한다. 하지만 3년이 지나도 처음처럼 뜨겁게 설레는 감정은 아닐지언정 따뜻하게 배려하며 사랑하는 연인이나 부부도 많다. 그들은 처음 뜨거웠던 사랑의 온도를 유지하고자 노력하는 사람들이다.

부부란 마주보고 누우면 가장 가까운 사이지만 돌아눕는

순간 지구 한 바퀴를 돌아야 만날 수 있는 먼 사이라고들 한다. 아내 탓, 남편 탓 하기 전에 먼저 노력해야 한다. 결혼 후 강산이 몇 번 변했음에도 불구하고 세월 탓하지 않고, 애교 없는 아내 흉보지 않고, 여전히 사랑의 온도를 유지하기 위해 부부동반 모임에서 아내에게 간지러운 호칭을 던지는 그분의 기지와 노력에 박수를 보낸다.

핑계를
극복하는 전략

습관처럼 나쁜 게 없다. 핑계 대는 것도 습관이 되면 내 몸에 딱 달라붙어 삶을 좀 먹는다. 핑계를 극복하기 위해서는 구체적으로 어떤 노력을 해야 할까?

미국의 인지행동치료의 대가인 앨버트 앨리스Albert Ellis가 개발한 ABCDE 과정을 여기에 적용시켜볼 수 있다. 인지행동코칭이라 불리는 ABCDE 과정은 일상생활 속에서 불쑥불쑥 올라오는 부정적인 생각들을 긍정적으로 바꿔 새로운 도전을 하게 만드는 데 효과적이다. 대개 우리의 마음을 헤집어놓는 괴로움의 원인은 사건 그 자체가 아니라 왜곡된 신념인데 핑계역시 그 중의 하나라고 보는 것이 ABCDE 과정의 기본이다.

치명적 결함을 극복한
빙속 여제

빙속의 여제로 불리는 이상화 선수는 어떻게 단신의 핸디캡을 극복하고 올림픽 2연패를 달성했을까? 빙속선수에게 작은 키는 치명적인 단점이다. 키가 작으면 보폭거리가 짧기 때문이다. 2014년 러시아의 소치에서 열린 동계올림픽 500m 경기에 출전한 빙속 여자선수들의 평균 신장은 170cm였다. 소치에서 은메달을 목에 건 선수와 동메달을 목에 건 선수의 키는 각각 172cm, 180cm였다. 그들을 제치고 금메달을 거머쥔 이상화 선수의 키는 고작 165cm. 작은 키의 그녀가 가장 높은 단상에 올라섰을 때 온 국민은 벅찬 환희와 전율을 느꼈다. 그녀가 세계적인 기량을 갖춘 장신선수들과 비교되는 스트로크 열세를 극복한 비결은 무엇일까?

그것은 다른 선수들이 10번 교차할 때 12번 교차할 수 있도록 근육량을 늘리는 것이었다. 더불어 힘은 유지하면서 체중을 감량해 스케이트를 탈 때 공기 저항을 줄였다. 인식을 전환하여 자신의 작고 여리여리한 체격을 장점으로 보고, 속도를 높이는 것에 골몰한 것이다. 이상화는 다른 선수들이 140kg의 바벨을 들 때 170kg의 바벨을 들어올렸다. 그렇게 허벅지 둘레를 3cm나 늘리는 과정에서 다리혈관이 좁아져 엉덩이까지 하지정맥이 오르는 고통을 참아야 했지만 포기하지 않았다. 이상화 선수의 문제극복 과정을 인지행동코칭인 ABCDE 이론에 대입시켜보자.

우선 ABCDE 과정의 각 부분을 간단히 살펴보자. A는 사건Accident, B는 사건에 대한 생각Belief, C는 사건을 겪고 난 결과Consequence, D는 생각에 대한 반박Dispute, E는 실행Energization을 의미한다.

● **A(불쾌한 사건)**

속도 향상에 정체가 일어났다.

● **B(사건에 대한 자신의 관점이나 신념)**

'내가 장신이었더라면, 속도를 더 빨리 낼 수 있을 텐데, 작은 키는 빙상선수에게 치명적이야.'

● **C(그 일을 겪고 난 결과)**

'키를 늘릴 수는 없다. 하지만 이대로는 한계에 부딪친다. 포기할 것인가.'

● **D(자신의 관점이나 신념 논박)**

'아니지. 작은 키 때문에 좋은 점수를 못 낸다는 건 핑계다. 단편적인 생각이야. 스트로크 열세를 극복할 방법이 분명 있

을 것이다. 그래, 근육량을 최고치로 늘리면 남들보다 더 많이 교차할 수 있을 것이다.'

● E(효과)

그녀는 마침내 최단신임에도 불구하고 '빙상계의 우사인 볼트'란 영예로운 별칭을 얻으며 금메달 시상대에 올라 온 국민에게 뜨거운 감동을 선사했다.

핑계거리가 있다면 일단 종이에 써보자. 그리고 그것에 굴복할 것인지, 새로운 돌파구를 찾을 것인지 결정하자. 이때 어떤 쪽이 과연 내 행복을 끌어당기는 길인지를 생각하자.

매번 학생들은 물론 멘티들을 비롯한 다양한 청중 앞에서 강의를 해왔지만, 아직도 나는 강의 전에 긴장을 한다. 긴장을 잘 하는 체질이라 어쩔 수 없다. 물론 핑계다. 그렇다면 나는 늘 이 핑계에 굴복하면서 그저 그런 강연가로 남아야 할까? 아니면 더 멋진 강연가가 되기 위해 노력해야 할까? 나는 매번 더 멋진 강연을 하기 위해 노력한다. 준비도 철저히 하지만, 강의 전에 두 주먹을 불끈 쥐면서 마인드컨트롤을 한다. 머릿속에 그림 하나를 그려보는 것이다. 내 강의에 공감을 한 청중이 밝게 웃어주는 그림 말이다. 그러고 나면 긴장이 조금은 누그러지고 힘이 난다.

꿈을 그저 꿈으로만 남겨두는 사람이 있고, 현실로 만드는 사람이 있다. 이들의 차이는 무엇일까? 현실의 벽 때문에 안 된다고 생각하는 사람과, 그것을 넘어 실천하는 사람의 차이다. 생각은 에너지이자, 우리의 행동을 운반하는 수로와 같다. 즉 우리가 어떤 생각을 운반하느냐에 따라 인생의 결과가 달라진다는 것이다. 나는 내 꿈 앞에 어떤 장벽과 장애물을 세워 놓고 있는지 생각해보자. 그리고 혹시 내가 어떤 생각에 매몰되어 장벽을 넘지 못하고 있는 건 아닌지, 나 자신에게 그리고 주변 사람들에게 물어보자.

비판적 후회보다 건설적 후회

'여우와 포도' 이야기가 있다. 여우가 넝쿨에 탐스럽게 달린 포도를 보곤 군침을 꿀꺽 삼킨다. 어떻게든 저 포도를 먹고야 말겠다는 굳은 신념으로, 발돋움도 해보고 훌쩍 뛰어도 본다. 하지만 아무리 노력해도 헛수고일 뿐이다. 결국 여우는 포기하고 돌아선다. 그러곤 중얼댄다. "저 포도는 분명 신 포도일 거야, 먹어봤자 맛도 없을 게 뻔해."

여우는 지금 포도를 먹고 싶은 바람과 현실 사이의 괴리감을 줄이기 위해 포도를 평가절하하고 있다. 이렇게 포도를 먹을 수 없는 자신의 처지를 정당화하는 핑계를 대면 심리적으로 편안해진다. 이런 핑계는 썩 나쁘지 않다. 도저히 어찌할 수 없는 불가항력이 분명하다면 미련을 버리지 못하고 스스로를 자책하는 것보다 훨씬 정신건강에 좋은 사고방식이기 때문이다.

때로는 여우 같은 핑계를 대면서 스스로를 위로할 필요도 있다. 밤에 라면을 먹은 후 불룩 튀어나온 배를 보며, '괜히 먹었어. 역시 나는 의지박약이야'라고 후회하고 자책하는 것보다는 '에잇, 먹고 죽은 귀신은 때깔도 좋다는데 뭐!'라고 마음을 편하게 갖는 게 훨씬 낫다. 데이트 신청에서 퇴짜를 맞았을 때, '내가 너무 매력이 없나봐'라고 실망하는 것보다 '그 사람도 내 스타일 아니었어!'라고 스스로를 위로하는 게 더 건강하다.

또 승진시험에서 탈락하면 '승진 빨리 해봤자 일만 죽어라 더하지 뭐. 월급은 쥐꼬리만큼 오르면서'라 여기고, 목적을 이루지 못하고 헛걸음했을 때 '덕분에 바람을 쐴 수 있었어'라고 긍정적으로 생각하는 게 백 배쯤은 낫다.

이런 것들을 우리는 '자기합리화'라 부른다. 내 생각과 행동이 일치하지 않았을 때, 또는 내 신념과 결과 간에 모순이 생겼을 때 이 둘 사이를 좁히려고 하는 것 말이다. 살다보면 어쩔 수 없이 내 의지로 안 되는 일도 있고, 열심히 노력했는데도 불구하고 결과가 나쁠 수도 있다. 그런 일은 최대한 빨리 홀홀 털어버리는 게 낫다. 이럴 때는 그냥 그럴듯한 핑계를 대면서 그 상황에서 얼른 빠져나오자.

후회란 감정은 너무 오랫동안 끌려다니면 정신이 피폐해지기 십상이다. 내 뜻과 무관하게 일이 틀어졌을 때는, 비판적 후회보다는 건설적 후회를 하면서 얼른 그 일을 잊어버리는 것도 방법이다. 비판적 후회란 이미 발생한 결과보다 더 좋은 상황을 가정하면서 끈질기게 미련을 갖는 것이다. 우리가 흔히 하는 '그때 만일 내가 그랬더라면'이라는 생각들이다. 내가 만일 그때 대학원에 갔더라면 지금 더 좋은 직장에 취직했을 텐데, 그때 만일 선 본 남자와 결혼을 했더라면 지금쯤 강남 사모님이 되었을 텐데 등등의 후회가 바로 비판적 후회다.

반면 건설적 후회란 게 있다. 이미 일어난 결과보다 더 나쁜 상황을 떠올리면서 안도의 한숨을 쉬는 것이다. '그때 그 남자와 결혼했더라면 내 인생 진짜 가여울 뻔 했어. 딱 바람둥이 상이잖아', '그때 대학원에 입학했더라면 나이만 차서 돈은 돈대로 날리고, 지금 회사에서 만나 결혼한 남편도 못 만났겠지'라고 생각하는 것 말이다.

- **비판적 후회(이미 일어난 일보다 더 좋은 상황을 가정하는 것)**

    패턴 : 그때 내가 그렇게 했더라면 좋았을 텐데.

    ㉑ 내가 조금만 더 예뻤더라면 기획팀 김 대리와 사귈 수 있었을 텐데!

- **건설적 후회(이미 일어난 일보다 더 나쁜 상황을 가정하는 것)**

    패턴 : 그래도 그렇게까지 안 되어 다행이야.

    ㉑ 바람둥이 김 대리와 엮이지 않은 것은 조금 덜 예쁜 내 외모 덕이니 다행이야! 나는 외모만 중요시 여기는 김 대리 같은 속물보다는 내 아름다운 내면을 알아주는 남자를 만날 수 있을 거야!

물론 문제를 회피하기 위한 핑계는 옳지 않다. 후회로 허비하는 시간을 줄이고 마음의 방향을 다른 데로 돌리기 위해서 사용하는 게 바로 건설적 후회다. 지나간 일은 잊어버리고 새 출발을 하기 위한 생각전환의 방법이다. 궁극의 행복을 위한 마음의 장치다.

행복에 있어서 가장 큰 장애물은
너무 행복을 기대하는 마음이다.

폰트렐스

'핑계' 스스로 진단하기

거울 속 자신을 10초 동안 바라본 후, 다음의 각 항목을 읽고 자신의
모습이나 심정에 해당되는 것에 ✓ 표시를 해봅시다.

＊각 항목당 1점씩 총 20점 만점

1 날씨 탓을 하며 운동을 미루는 경우가 있다. ☐

2 어학연수를 다녀왔다면 영어를 잘했을 거라 생각한다. ☐

3 학창시절 시험 성적이 좋지 않았던 이유는 공부를 덜해서가
   아니라 시험 문제가 어렵거나 운이 나빴기 때문이라고 생각한다. ☐

4 열심히 청소를 해도 주변 사람들이 금방 더럽히기 때문에
   청소한 티가 나지 않는다. ☐

5 시험 보기 전 집중력을 향상시키는 약과 저하시키는 약 중
   선택할 수 있다면, 저하시키는 약을 선택하겠다. ☐

6 중요한 일을 앞두고 주변에서 "준비 많이 했어?"라고 물으면,
   "하나도 못 했어!"라고 말하는 편이다. ☐

7 시험 운이나 승진 운이 없는 편이다. ☐

8 연애를 하고 싶어도 마음에 드는 이성이 하나도 없다. ☐

9 금전적으로 여유가 있다면 지금처럼 살지 않을 것이다. ☐

10 키가 조금 더 컸더라면 인생이 바뀌었을 것이다. ☐

11 학벌이 좋았다면 멋진 직장에 다녔을 것이다. ☐

12 지금보다 이미지가 좋았다면 멋진 이성과 결혼할 수 있었을 것이다. ☐

13 여자가 먼저 대시하는 건 매력 없다고 생각한다. ☐

14 거짓말은 나쁘다고 생각하기 때문에 상대방을 기분 좋게 하려는
   선의의 거짓말도 절대 하지 않는다. ☐

15 야식의 유혹을 뿌리치지 못하고 음식을 먹고 난 뒤 후회하는 편이다. ☐

16 빨리 승진해봤자 좋은 건 별로 없다고 생각한다. ☐

17 주변에 괜찮은 친구가 많지 않은 편이다. ☐

18 주변에 잘나가는 동료들 때문에 사기가 떨어진다. ☐

19 상사나 동료 또는 부하 복이 참 없는 편이다. ☐

20 취미생활을 할 만한 시간이 없다. ☐

▶ **16~20점 : 심각한 핑계에서 하루빨리 빠져나오세요!**

핑계가 심각한 상황입니다. 자신을 보호하기 위한 심리적 장치를 여기저기에 두고 자신에게 조금이라도 불리한 결과가 나오면 핑계 대기 바쁜 스타일입니다. 스스로를 부정적으로 보면서 그 이유를 환경 탓으로 모두 돌리고 있군요. 현재의 만족스럽지 않은 결과에 대한 원인이 무엇인지 다시 한 번 생각해보세요. 그리고 차근차근 자신의 문제점이 무엇이었는지를 적어보는 겁니다. 모든 원인은 자기 자신에게 있다는 사실을 기억하세요.

▶ **8~15점 : 이 정도의 핑계는 누구나 갖고 있어요!**

보통의 핑계 수준에 해당됩니다. 평소 자신의 만족스럽지 않은 상황에 대해 은근히 남 탓하는 경우가 있지만, 그 근본적인 원인이 자신에게 있음을 인지하고 있기 때문에 핑계로 인한 문제를 현명하게 극복할 가능성 또한 높습니다. 스스로 지금의 핑계거리를 극복할 방법을 찾고, 문제를 회피하기 위한 핑계가 자신에게 전혀 도움이 되지 않는다는 사실을 기억하세요. 후회로 허비하는 시간을 줄이고 마음의 방향을 다른 데로 돌리기 위해 건설적인 핑계를 의도적으로 해보는 것이 바로 궁극의 행복을 위한 방법입니다.

▶ **7점 이하 : 핑계와는 거리가 멀군요!**

핑계와는 거리가 있습니다. 꿈을 현실로 만들기 위해 자신에게 무척 엄격한 편이라고 할 수 있습니다. 현실의 벽 때문에 안 된다고 생각하는 사람들과는 다르게 그것을 넘어 실천하는 스타일이지요. 생각은 에너지이며, 우리가 바라는 것을 운반하는 수로와 같다고 믿고 있습니다. 그래서 남이나 환경 탓하며 핑계 댈 시간에 자신의 행복을 위해 도전하는 것을 선택하는 스타일입니다.

가
식

CHAPTER 3

모두에게 좋은 사람이
될 수는 없다

오늘은
어떤 가면을 쓸까?

예쁜 척, 착한 척, 대범한 척, 인간성 좋은 척, 행복한 척, 있는 척, 잘난 척, 우리는 어느 정도 '척'을 하고 산다. 그럴듯하게 꾸미는 거짓된 태도, '가식'이다. 가식적인 모습은 다른 사람에게 인정받고 싶은 욕구 때문에 생겨난다. 오랜만에 만난 친구에게 뒤떨어져 보이지 않으려고 행복한 척, 있는 척을 하고, 소개팅한 남자에게 잘 보이고 싶어 예쁜 척, 착한 척 내숭을 떤다. 직장상사에게 잘 보이고 싶어 인간성 좋은 척, 열심히 일하는 척을 한다.

사회적 인간인 우리는 사실 각자의 역할에 맞는 '척'이 필요하다. 아빠라면 아이들 앞에서 대범한 척을, 서비스업 종사자라면 고객 앞에서 친절한 척 하는 게 맞다. 그런데 우리사회에는 이런 '척'이 지나쳐 우울증과 스트레스에 시달리는 사람들이 너무 많아졌다.

갑이 판치는 세상에서
가면 쓰기

기분과는 상관없이 웃어야 한다는 강박관념에 극심한 우울증과 함께 원형탈모증까지 생겼다는 지인이 있다. 정글 같은 조직 생활을 오랫동안 버티며 근무한 결과라고 허무해하는 그의 말이 남의 일 같지 않다. 상사한테 회의시간에 아이디어 없다고 엄청 깨지고 나서도 억지 미소를 지으면서 "죄송합니다"라고 해야 했다. 웃으며 사과까지 했는데 돌아온 건 굴욕적인 핀잔뿐이다. "뭐가 그리 좋아 실실 웃는 거야? 생각이 있어, 없어? 머리를 장식으로 달고 다니는 것도 아니고, 쯧쯧." 전 팀원들이 보는 앞에서 이런 모욕을 당하는 날이면 당장이라도 회사를 때려치우고 싶은 마음이 굴뚝 같을 것이다. 딸린 식구가 없었다면 벌써 그렇게 했겠지만 토끼 같은 자식들을 생각하면 도저히 그럴 수가 없다.

"분이 안 풀려서 돌아오는 길에 휴대폰에 담긴 상사 사진에 수박만 한 점을 코에 그려뒀더니 좀 나아지더군요." 그의 말에 웃을 수 없는 건, 그 모습이 우리와 너무도 닮아서다.

아부의 가면을 써야 하는 회사원도 많다. "박 대리! 이별이 뭐라고 생각하나?" 갑자기 묻는 상사의 엉뚱한 질문에 '글쎄요' 하며 난감해할 즈음, 상사가 헤벌쭉 웃으며 던지는 한 마디. "글쎄라니, 이 친구야. 이 별은 지구 아닌가! 지구! 하하하!" 언제 적 농담을 유머랍시고 하고 있는 상사에게 짜증이 나지만 반사적으로 이렇게 말한다. "하하하! 역시 과장님의 유머감각은 탁월하십니다!"

상사라는 갑, 회사라는 갑, 거래처라는 갑 앞에서 우리는 원치 않는 가면을 써야 한다. 웃기지 않아도 웃고, 화내고 싶어도 웃는다.

가식은 친구사이에서도 빠질 수 없다. 친구가 새 옷을 샀다며 자랑할 때 속으로는 '저걸 돈 주고 산거야?'란 생각이 절로 들지만 생각한 그대로 말했다간 분위기가 싸늘해질 게 뻔하다. "너한테 딱이야, 잘 어울려." 입에 침도 안 바르고 거짓말을 술술 한다. 여자친구 사진을 보여주며 "어때, 예쁘지?"라고 자랑스러워하는 친구 앞에서 차마 '각진 얼굴이 성깔 꽤나 있어 보여!'라고 말하지 못한다. 대신 "너 재주 있다. 이런 미인을 어디서 만났어?"라고 능청을 떨게 된다.

행복한 사람은
자신을 드러내지 않는다

말이나 행동 따위를 거짓으로 꾸미는 이유는 나를 보호하기 위해서다. 직장상사에게 밉보이면 사회생활에 지장이 있다. 친구의 기분을 상하게 하면 우정에 금이 갈 수 있다. 친구가 뒤에서 내 뒷담화를 할지도 모른다. 결국 손해 보고 상처받는 건 나 자신이다.

"가면을 쓰는 순간, 우리는 곧 가면의 주인공이 된다."

프랑스의 팬터마임 배우인 에티엔 드크루Etienne Decroux가 남긴 말이다. 억지로 웃지 않아도 웃는 얼굴의 가면을 쓰면, 마치 내가 웃는 것처럼 보인다. 결국 이 의미는 가면도 잘만 활용하면 사회생활의 윤활유로 쓸 수 있다는 뜻이다. 그런데 시간이 지날수록 한계를 느낀다. 정말 속에 있는 말을 맘껏 쏟아내고 싶다. 그런데 인간관계 속에 들어가보면 그럴 수 없는 상황들이 더 많다. 남들 눈에 내가 어떻게 비쳐질까 신경을 쓰는 게 바로 사회란 곳이니까. 내 진짜 모습과 가면 사이의 괴리감이 너무 커지는 건, 결국 남들의 눈 때문이다.

남들 눈에 잘 보이고 싶은 심리는 SNS라는 공간에서 극대화된다. 페이스북이나 트위터를 보면 왠지 나만 빼고 다 행복하고 부족함 없이 잘 살고 있는 것 같단 생각이 든다. 그런데 사실 SNS에 화려한 이야기나 사진이 많은 사람일수록 영혼은 가난한 사람일 확률이 높다. 내가 보여주고 싶은 이미지만 선별해서 과장해 표출하는 발산처가 바로 SNS라는 공간 아니던가.

실제로 나 역시 마음이 허하고 고단할수록 SNS에 집착했다. 진짜 속까지 꽉 차게 행복한 날은 SNS를 열어보지도 않았다. 그때 알았다. 행복감으로 충만한 사람은 '나 잘 살고 있다'고 어딘가에 떠벌릴 필요가 없다는 것을.

존재를 숨길 때
사람들은 용감해진다

반면 우리는 남들 앞에 나를 드러내지 않아도 되는 공간에서는 지나치게 용감해진다. 익명이 보장된 공간에서는 지나치게 도를 넘는 사람들이 많다.

인터넷이란 가상공간에서 악성 댓글(악플)을 다는 심리는 어쩌면 평소 가면으로 억눌린 스트레스를 풀기 위한 배설심리 아닐까. 아무도 내가 누구인지, 내 행동거지를 신경 쓰지 않는 공간에서는 마음에 없는 예의를 갖추지 않아도 되는 것이다. 그래서 도가 지나친 욕설을 일삼고, 남을 비방한다.

실제로 이를 증명하는 실험이 있었다. 1,350명의 아이들에게 할로윈 복장과 변장을 하고서 시애틀 곳곳의 가정을 찾아가 사탕을 얻어오게 했다. 아이들은 혼자 혹은 두세 명씩 그룹으로 움직였다. 실험에 동원된 20채의 집에서는 실험 협조자들이 있었는데, 이들은 아이들의 50%에게는 이름을 물어보았고, 나머지 50%에게는 이름은 물론 신상에 관한 그 어떤 것도 묻지 않았다.

사탕을 받은 아이들끼리 있게 두고 실험 협조자들은 잠시 자리를 비웠다. 그러자 집단으로 움직이고 이름을 물어보지 않은 아이들의 절반 이상이 탁자 위에 무방비 상태로 놓인 사탕과 돈을 훔쳤다. 반면 혼자 왔고 이름을 밝힌 아이들이 훔친 경우는 10분의 1도 되지 않았다.

내 이름을 밝히는 순간 남들의 시선을 더 의식하기 때문에 도둑질을 할 수 없게 된다. 하지만 나란 존재를 드러내지 않아도 되었던 아이들은 사탕을 훔치고 싶은 유혹에 더 많이 굴복했다.

샌프란시스코의 필모어 스트리트의 한 카페에는 이런 포스터가 있다. '가게 안에서는 가면을 벗어주세요! 즐거운 할로윈데이를 위해서!' 포스터를 붙여둔 이유는 간단했다.

"손님들이 가면을 쓰면 예의가 없어지고 막나가거든요!"

결국 가식이 필요 없는 상황은 혼자 있을 때, 그리고 나란 존재를 다른 사람들이 전혀 몰라볼 때다.

가면과 내면의
괴리를 좁혀라

해마다 접하는 씁쓸한 뉴스 중의 하나는 연예인 자살 소식이다. 전혀 그럴 줄 몰랐던 연예인이 스스로 목숨을 끊을 때 온 국민은 충격에 휩싸인다. "항상 밝은 모습이어서 그런 선택을 할 줄은 전혀 몰랐어요. 며칠 후에 만나기로 약속까지 잡아뒀는데……." 사건이 터지고 났을 때, 주변의 친한 지인들조차 인터뷰에서 이렇게 말할 정도로 그들의 외로움과 슬픔은 온전히 그들만의 몫이었던 경우가 많다.

무대 위에선 언제나 화려하고 행복한 웃음을 짓지만 실상은 꼭 그렇지만은 않은 게 연예인의 생활이다. 특히 자기 성격과는 영 다른 배역에 장시간 몰입하다보면 어떤 것이 진짜 자기 모습인지 헷갈릴 수도 있다. 화려한 겉모습과 쓸쓸한 내면과의 괴리감, 활발한 배역과 소심한 진짜 자기 모습 사이의 괴리감, 그런 것들로부터 힘들어했던 건 아닐까. 정도의 차이는 있지만 우리 모두 그런 괴리감 속에서 힘들어하고 있지 않은가.

타인의 시선에서
자유로워지기

대학원 강의에서 만난 50대 학생이 있다. 언제나 면 티셔츠에 운동화 차림인 그녀는 누가 봐도 평범한 이미지였다. 그런데 시간이 지날수록 모두는 그녀의 매력에 푹 빠져들고 말았다.

강의 중에도 자신감을 갖고 발표를 하는 모습으로 수업 분위기를 활기차게 주도하는가 하면 수업 내용이 자신의 생각과 방향이 다르다 싶으면 주저 없이 의견을 피력했다. 하지만 어떤 방향이 결정되면 충실하게 따랐다. 종강 파티 때 간 노래방에서 역시 그녀의 진가는 여실히 발휘되었다. 감정에 몰입해 노래를 부르는 모습이 마치 어떤 가수와 흡사해 우리 모두 넋을 놓고 그녀의 노래실력을 감상했다.

그녀를 보면서 느낀 건, 그녀가 남의 시선을 그다지 신경 쓰지 않는 사람이라는 것이었다. 그렇다고 해서 그녀가 무례해 보인 적은 단 한 번도 없다. 어떤 행동이나 말을 하기 전에 남들이 어떻게 생각할까를 신경 쓰기보다 자기 자신에게 집중하는 모습에서 나이에 걸맞은 내공이 느껴졌다. 그런데 술자리에서 나는 뜻밖의 이야기를 들었다. 그건 바로 그녀의 20대 시절 얘기다.

"전문 모델도 아닌데 45킬로그램을 유지하느라 늘 혹독한 다이어트에 시달렸어요. 사람들에게 안 예쁘다, 안 날씬하다 라는 얘기를 들을까봐 전전긍긍했다니까요." 살집도 보기 좋게 있는 데다 늘 사람 좋은 웃음을 머금은 그녀에게 그런 시절이 있었다니, 참 의외였다. 그뿐 아니라, 남들이 조금이라도 공격하면 방어하느라 늘 날이 서있었노라고 말했다.

그녀가 달라진 건 결혼 후에 아이를 낳고, 건강에 문제가 생겨 큰 수술을 무려 세 번이나 한 후였다고 한다. 남들 눈이 뭐 그리 대수인가란 생각이 들었다는 것이다. 이제부터 내 행복에 집중하자고 결심한 이후, 자신이 남들 눈에 어떻게 비칠까 조바심 내는 걸 멈추게 되었다고 한다. "보시다시피 사람들과 어울리면서 먹는 걸 즐겨서 살이 많이 붙었어요. 그런데 지금이 훨씬 행복하답니다. 남편도 지금의 제가 더 아름답다고 말해주고요." 그녀가 가식 스트레스에서 벗어나기 위해 선택한 방법은 바로 남의 시선을 자신의 삶의 잣대로 두지 않았다는 것이다.

남들의 호감에 너무 신경을 쓰다 보면
자신에게 소홀해지기 쉽다.
그러다 보면 타인의 눈을 의식하게 된다.
타인에게 잘 보이기 위한 사람보다는
스스로에게 만족스러운 사람이 되어야 한다.

오프라 윈프리

감출 게 많을수록
화장은 짙어진다

그녀의 말이 크게 와 닿았던 건 나 역시 비슷한 경험이 있어서다. 한때 나는 완벽하게 꾸미지 않으면 외출을 하지 못할 만큼 치장에 집착했다. 화장대에 앉아있는 시간만 거의 한 시간이었다. 눈썹을 바짝 올리는 뷰러를 단계별로 나눠 세 번씩이나 했고, 그래도 마음에 안 들면 불에 달군 핀으로 눈썹을 한 올 한 올 위로 끌어올렸다. 어느 각도에서 봐도 내 눈썹의 컬링은 완벽하단 걸 확인해야 안심이 되었다. 화장뿐 아니라 귀걸이, 목걸이, 팔찌 등 몸에 걸 수 있는 액세서리는 전부 다 착용했고 핸드백이나 구두가 그날 의상과 어울리지 않으면 밖에 나가기조차 싫었다.

집착의 원인은 남들 눈에 결점 없는 미인이란 소리를 듣고 싶어서였다. 그런데 어느 날 그런 내가 참 한심하고 가여워보였다. 그날은 너무 늦게까지 일한 데다 술자리까지 이어져 몸이 천근만근이었다. 집에 오자마자 씻는 건 생략하고 바로 편한 침대에 눕고만 싶었다. 그런데 그럴 수가 없었다. 화장을 워낙 두껍게 해서 그냥 잤다간 피부 트러블이 생길 게 뻔하니까. 할 수 없이 무거운 몸을 이끌고 화장대 앞에 앉아 거울을 보았다. 그런데 그때, 거울 속에서 참으로 가식적인 여자 한 명을 보았다. 남들에게 뭘 그렇게 감추고 싶은 게 많아 화장을 이리도 진하게 했을까. 뭘 그렇게 거추장스럽게 많이 걸쳤을까. 그야말로 우스운 피에로 같았다.

여자들이 화장에 공들이는 이유의 반은 자기만족이고 반은 남의 시선을 의식해서다. 물론 화장이란 잘 차려입은 정장처럼 격에 맞는 예절이다. 곱게 화장한 모습은 누가 봐도 아름답다. 하지만 그게 지나치면 진짜 자기는 없고 짙은 화장만 남을 수 있다. 한 유명 철학자 역시 감출 게 많은 여자일수록 화장이 짙어진다고 말했다.

오스트리아 출신의 황녀 엘리자베스Elisabeth는 자신의 유일한 정치적 무기가 미모임을 깨닫고 평생 아름다움을 유지하기 위해 노력했다. 특수 고안된 가죽 마스크에 고기를 넣어 얼굴에 쓰고 잠을 잤고, 우유 목욕을 했으며, 승마와 운동으로 평생 허리 사이즈 21인치를 유지할 만큼 치열하게 노력했다. 남들에게 보여주기 위한 미모 관리로 평생 힘든 사투를 벌인 것이다. 60세에 무정부주의자 루이지 루케니Luigi Lucheni에게 암살당할 때 워낙 조여진 코르셋 탓에 칼이 심장을 찌른 고통조차 느끼지 못했다고 하니, 다행이라고 해야 할지 불행하다 해야 할지 모르겠다.

엘리자베스 여왕의 코르셋과 나의 짙은 화장이 완벽한 가면이 될 수 있을까? 절대 아니다. 나이가 들면서 깨닫는 건, 화장과 같은 치장으로도 가려지지 않는 것들이 있다는 사실이다. 얼굴이란 말의 본래 의미는 '얼의 굴', 즉 영혼의 통로라는 것을 생각해보아야 한다. 마음이 어둡거나 부정적인 사람은 아무리 진한 화장을 해도 얼굴에 험악한 느낌이나 슬픈 기운이 남아있다.

진한 화장을 하는 대신 마음을 밝고 긍정적으로 먹기 위해 노력하는 게 중요하다. 나이가 들수록 화장한 얼굴과 안에서 뿜어져 나오는 빛과의 괴리감이 크면 그것만큼 보기 안쓰러운 것도 없기 때문이다.

이제 나는 화장대 앞에서 10분 만에 화장을 끝낸다. 진한 화장에 공들일 시간에 나 자신과 대화하는 시간을 갖고 더 웃어보려고 노력한다.

자존심보다
자존감을 키우자

물론 남의 시선으로부터 완벽하게 자유로워지는 건 참 어려운 일이다. 나 역시 학창시절부터 선생님이나 부모님에게 칭찬받고 싶어 열심히 공부했고, 성인이 되니 사회적으로 인정받고 싶어 좋은 직장에 들어가기 위해 노력했다. 남들에게 나의 성공을 과시하고 싶어 명품백을 메고 큰 차를 샀으며, 자기 관리 잘 하고 예뻐 보인단 말을 듣고 싶어 피부며 몸 관리도 꾸준히 했다. 그렇게 매순간 열심히 살아왔다. 그런데 살면서 문득 문득 내가 누군가에 의해 프로그래밍된 삶을 살고 있단 회의감이 들 때가 많았다.

그런데 나만 그런 게 아니었다. 언젠가 지인들과 술자리를 가지면서 속 얘기를 어렵게 꺼내자, 모두가 맞장구를 치며 "나도 그런데, 너도 그래?" 하며 공감을 해주었다. 그들은 이구동성으로 말했다. 참 가식적으로 살고 있다는 걸 하루에도 몇 번씩이나 느낀다고 말이다. 그러면서도 이 험난하고 이기적인 세상에서 상황에 맞는 가면을 써가면서 나름 잘 살고 있는 게 기특하단 생각도 든다고 한다. 하지만 울고 싶을 때 눈물 꾹 참고, 화가 나도 그럴 수 없는 상황에서는 스스로 참 한심하게 느껴지는 건 어쩔 도리가 없다고도 한다.

그래서 우리가 내린 결론은, 그럼에도 불구하고 끝까지 스스로 인생의 주인공으로 살기 위한 노력을 멈추지 말자는 것이었다. 남들 인정에 의해 달라지는 자존심은 죽이고 스스로 내 가치를 높이는 자존감은 더 키워야 한다고 말이다. 어떤 문제에 부딪혔을 때 남의 이목을 의식한 선택이라면 가면이고, 내 행복을 위한 선택이면 진짜다. 남들 눈을 신경 써야 하는 건 맞지만 지나치게 의식할 필요는 없다는 걸 진심으로 확신할 수 있어야 한다.

노래하는 CEO의
열정

아코르 앰배서더 코리아 호텔 매니지먼트의 CEO인 권대욱 대표는 자신의 페이스북 페이지에 '페북서당'이라는 이름으로 자신의 삶에 대한 의지를 다잡는 글을 거의 매일 올린다. 진솔한 그의 글에 공감하는 사람들이 많다. 하루는 내 삶의 주인으로 살고 싶던 내게 참 와닿는 문구가 올라왔다. 평소 느껴졌던 그의 단단한 내공이 그냥 뿜어져 나오는 게 아니라는 걸 알 수 있었다.

'소명이 그냥 찾아지는 것이 아니듯 삶 또한 그러하다. 스스로 만들어가는 삶일 때 깊고 충만할 수 있다. 내가 만들어가는 삶, 내가 주인이 되는 삶이어야 살 만하고 행복하다. 내가 만들어가는 삶에 어찌 장애가 없겠는가? 그러나 그 장애조차도 삶의 일부라 믿는 적극성과 긍정의 힘이 운명을 가른다.'

권 대표를 처음 만난 건 해외에 본사를 둔 주한 외국기업 최고경영자들의 모임에서 강의를 하면서부터다. 정중앙 테이블에 앉아 경청하는 그의 모습이 유난히 남달라보였다. 스트레스 따위는 초월한 듯한 편안한 오라aura 그 자체였으니까. 그래서 강의 중에 이렇게 말했다. "가운데 앉아 계신 CEO님의 미소 한 번 봐주세요. 참 편안해보이시네요." 주변의 시선이 일제히 그에게 쏠리더니 이내 여러 CEO들이 한마디씩 거든다. "TV에도 나오는 분이에요!", "노래하는 CEO에요!", "KBS 〈남자의 자격〉 청춘합창단에도 나오신 분이에요!"

알고 보니 그에게는 '노래하는 호텔 CEO'란 수식어가 따라다니는데, 이유는 3년여 전 KBS2 〈남자의 자격〉에서 청춘합창단의 단장을 맡아 지금까지 활동을 해오고 있음은 물론 UN과 DMZ를 비롯해 평양 및 해외교포를 위한 공연을 위해 꾸준히 노래연습을 하고 있기 때문이었다.

한번은 권 대표를 심층 인터뷰할 기회를 갖게 되었고, 그에게 노래를 부르는 이유를 물었다. 그는 '나 자신에게 솔직하고 싶어서'라고 답했다. 3년 전 〈남자의 자격〉에서 합창단을 모집한다는 공고를 보았을 때 가슴에 찌릿찌릿 전율이 일었고, 결국 '나도 노래를 부르고 싶다'란 생각 하나로 앞뒤 재지 않고 회사 주주들의 동의를 일일이 얻어내 합창단에 도전할 수 있었단다. 그 덕에 평균 연령 64세지만 열정 하나만큼은 청춘인 50명 단원의 청춘합창단이 탄생할 수 있었던 것이다. 실제로 청춘합창단의 오랜 숙원이었던 UN 공연 계획이 더욱 선명하게 윤곽까지 잡힐 만큼 그들은 역동적으로 움직이고 있었다.

사실 그는 젊은 시절 역경이 많았다고 한다. 서른다섯 살에 사장 자리에 오르며 매일 언론의 지면을 장식할 만큼 승승장구하다 어느 순간 모든 명예와 부를 잃고 낙심하여 도피하다시피 강원도 산골로 들어가 홀로 칩거생활을 했을 정도다. 그때 그는 혼자서 자기 자신과 참 많은 대화를 했다고 한다.

"그때 깨달은 게 여태껏 단 한 번도 내가 하고 싶은 걸 해본 적이 없다는 겁니다. 늘 남의 시선에 끌려 다니며 살았던 거예요."

다시 사회로 나와 재기에 성공한 권 대표는 '한 번뿐인 인생 남의 눈치 보지 말고 내가 하고 싶은 것들을 하고 살자'로 인생 모토를 바꾸었다. 또한 순간적 상황들에 일희일비—喜—悲 하지 않기로 했다. 보여지는 가식보다는 자신의 뜻대로 꿈을 키우고 가장 자신다운 삶을 세워나가기로 한 것이다.

예전 같았으면 그도 '나이도 적지 않은 남자가 사람들 앞에서 무슨 노래야, 체면 안 서게'라며 노래하고 싶은 욕망을 외면해버렸을 것이다. 그랬다면 지금처럼 남들에게 노래로 감동을 주는 것이 얼마나 뜨거운 행복인지 영원히 모르고 살았을지 모른다. 그는 늘 무대 위에서 깨닫는다. 내 행복을 위한 선택을 했을 때 비로소 인생의 주인공이 될 수 있다는 진실을 말이다.

피에로의
비애

최고의 MC이자 개그맨인 신동엽이 몇 년 전 잡지화보 촬영 중에 감정이 복받쳐 눈물을 펑펑 쏟았다고 한다. 화보의 콘셉트는, 웃고 있지만 왠지 모르게 슬픔이 느껴지는 피에로 분장이었다.

"화보를 찍는 도중 내 안에 말로 형언할 수 없는 감정이 물밀듯이 흘러 들어왔어요. 사람들을 즐겁게 해주고 난 뒤의 공허함, 무대 뒤에서 화장을 지우면서 느끼게 되는 지친 감정 등이 제게 와락 다가왔어요."

신동엽은 피에로 분장에서 자기 자신을 본 것이다. 몸이 아프거나 마음이 지칠 때조차 카메라 앞에서는 웃어야 하는 직업인으로서의 비애를 느낀 것이다.

우리 모두는
감정노동자다

감정노동으로 힘들어하는 사람이 늘어나고 있다. 한국직업능력개발원에서 감정노동을 많이 하는 30개 직업 순위를 발표한 적이 있다. 1위는 항공기 객실 승무원, 2위는 홍보 도우미 및 판촉원이었으며 그외에도 아나운서, 간호사, 연예인, 사회복지사, 약사 및 한의사도 포함되어 있었다.

순위를 보면 알 수 있듯 연봉과 사회적 지위와 관계없이 사람을 대하는 일을 하는 직업군의 대부분이 감정노동자들이다. 또 여성들이 선망하는 직업의 대부분이 감정노동으로 인한 스트레스를 감당해야 하는 일들이다.

'감정노동' 이란 말은 자신을 제 감정과는 무관하게 연출해내야 하기 때문에 붙여진 것인데, 사실 그렇게 따지면 비단 서비스 업종뿐 아니라 사회생활을 하는 모든 직업군이 감정노동자에 해당한다. 사람과의 관계없이 처음부터 끝까지 오롯이 혼자 할 수 있는 일이란 그 어디에도 없기 때문이다.

감정노동으로 생기는 감정적 부조화, 즉 실제 내 감정과 연출해야 하는 감정이 지나치게 다른 상황들이 반복되면 스트레스가 증폭되면서 자기통제력을 잃게 된다. 과음을 하거나 폭식, 심지어 마약류에 손을 대기도 한다. 직장 스트레스 관리를 담당하는 한 정신과 의사에게 이런 말을 들은 적이 있다. "텔레마케터들을 대상으로 강의를 했는데, 다들 과체중이어서 마음이 아팠어요. 엄청난 스트레스를 다 먹는 걸로 풀고 있다는 뜻이니까요."

몸이 망가지는 것을 넘어 더 큰 문제는 자존감마저 추락한다는 것이다. '난 매일 왜 이럴까. 정말 난 쓸모없는 인간이야.' 이런 생각이 계속 들면 우울증, 자살충동까지 이어질 수 있다는 게 괜한 걱정은 아니라는 걸 알아야 한다. 이 악순환의 고리를 끊기 위해서는 사회적인 장치, 국민적 성숙 등 모든 게 함께 이루어져야 하지만, 지금 당장 우리가 할 수 있는 일은 바로 나 스스로 내 감정을 통제할 수 있는 힘을 기르는 것이다.

울지 않는
피에로가 되자

아르바이트로 백화점 판매원 일을 했던 지인이 있다. 워낙 깨끗하고 맑은 얼굴에 서글서글하게 잘 웃는 친구인지라 그 일을 참 잘할 수 있을 것 같았다. 그런데 그런 그녀도 웃을 수 없는 날이 왔다. 일하던 중 친한 친구가 교통사고를 당했단 전화를 받은 것이다. 당장이라도 유니폼을 벗고 친구에게 달려가고 싶은 마음이 굴뚝 같았던 그녀. 하지만 정해진 근무시간을 갑자기 이탈할 수는 없는 일이었다. 고객에게 정신을 집중하려 해도 자기도 모르게 정신이 멍해지는 건 어쩔 수 없었다.

"야! 화장실 어디 있냐고? 몇 번을 말해야 알아들어?" 큰 소리에 그녀는 깜짝 놀라 정신을 차렸다. 자기와 비슷한 또래의 여성고객이 그녀의 팔을 툭툭 치면서 화를 내고 있었다. "아! 죄송합니다.", "네가 감히 나를 무시해? 너 내가 누군지 알아? 이게 지금 잘리고 싶어서 안달 났지?"

갑자기 몰아치는 반말과 욕설에 당황한 그녀. 반사적으로 고개를 90도 숙이며 "죄송합니다!"를 연발하며 사과했다. 하지만 화가 머리끝까지 올라간 그 고객은 결국 고객서비스팀에 그녀를 자르라고 반 협박했다. 자신이 뭘 그리 잘못했나 싶었지만, 그렇다고 딱히 잘한 것도 없었다. 결국 그 고객 앞에서 코가 땅에 닿도록 사과하고 사유서를 쓰고 난 후에야 잘리지 않을 수 있었다.

그날 밤 그녀는 방안에서 서러운 눈물을 펑펑 쏟았다. 고객도 원망스러웠지만 그보다는 자기 자신이 더 싫었단다. '난 왜 이리 못난 걸까. 왜 고객 앞에서 딴 생각을 했지? 아니지, 사람이 잠시 딴 생각할 수도 있는 거지, 그게 뭐 죽을 죄야? 변명 하나 못 하고 고개만 수그린 나 자신이 참 한심하다. 왜 난 내 감정을 솔직하게 표현하면 안 되는 걸까. 내가 돈이 많았다면 이렇게 힘든 일을 할 필요도 없고, 그랬다면 오늘 같은 무시도 당하지 않았겠지.'

생각은 꼬리에 꼬리를 물고 이어졌고 그녀는 스스로를 계속 비하하기에 이르렀다. 그 일이 있은 후 그녀의 얼굴엔 어두운 그림자가 드리웠고 그런 그녀를 보는 사람마다 한 마디씩 했다. "왜 그래? 무슨 일 있어? 좀 웃어."

직업의 특성상 억지로라도 웃음을 짓지 못하면 그녀는 회사를 관두어야 했다. 하지만 감정에 치우쳐 회사를 때려쳤다간 당장 생계에 지장이 올 것이다. 결국 그녀는 억지로 웃는 가면을 쓰기로 했다. 그래서 그날부터 밤마다 거울을 보면서 웃는 연습을 했고, 그렇게 자기 표정을 만들어갔다.

"어머, 미소가 좋네. 좋은 일 있었어?" 그로부터 며칠 후 동료는 그녀에게 이렇게 말해주었고, 몇몇의 고객들 역시 그녀의 미소를 보곤 웃음으로 화답해주었다. 그런데 모든 사람을 속일 수는 없었다. 그게 가면이란 걸 아는 예리한 사람들도 당연히 있었으니까. "지금 웃는 거야, 우는 거야. 얼굴이 꼭 감정 없는 로봇 같네." 자신을 보고 돌아선 한 고객이 이렇게 혼잣말을 하는 것을 듣는 순간 그녀는 이제 '웃는 가면'도 효과가 없음을 직감했다고 한다. 사실 얼마 동안은 그녀 자신도 웃는 가면 덕분에 자기가 진짜 웃는 것 같은 착각이 들었다고 한다. 그 순간만큼은 우울함을 날려버릴 수 있어서 좋았다는 것이다. 하지만 가면을 쓴 시간이 길어질수록, 가면 뒤의 진짜 그녀의 마음은 오히려 더 허전하고 무미건조해져만 갔다.

그녀는 다시 선택을 하지 않으면 안 되었다. 다른 사람들이 전혀 눈치 못 채도록 가면의 강도를 더 높이든지, 아니면 가면이 아닌 진짜 웃음으로 고객을 대하든지 둘 중 하나를 말이다.

결국 그녀는 스스로 강해지기로 결심했다. 거울 속 자신의 얼굴을 보면서 더 이상 울지 않기로, 내 미소의 주인은 '나'라고 생각하기로 한 것이다. 그렇게 그녀는 더 이상 울지 않는 자기 얼굴을 '울지 않는 피에로'라고 부르기로 했다. 실제로 거울 속의 그녀는 더 이상 슬퍼보이지 않았다.

물론 그 얼굴 역시 100% 자기 모습은 아니었다. 하지만 직장에서 잘리지 않기 위해 억지로 쓴 가면이 아니라, 고객에게 진심으로 만족감을 주기 위해 능동적으로 쓴 가면이라는 점에서 예전과는 달랐다. 실제로 그녀는 자신의 서비스를 받은 고객이 웃어주며 "친절하게 도와줘서 고마워요"라고 하는 말을 들으면 일한 보람을 느끼면서 가슴 깊은 곳으로부터 뿌듯함이 올라왔다고 한다.

자기 감정을 통제하는 힘

가식의 허울에서 어느 정도 벗어난 이들에게는 공통분모가 있다. 그들에게는 우선 '눈물 고인 피에로'의 아픈 경험이 있었고, 그 쓰라린 아픔을 통해서 눈물과 이별하자는 의지를 가졌다. 그래서 진짜 웃음을 찾기 위해 노력한다. 자신의 감정을 통제하는 힘을 키우기 시작한 것이다. 하버드대학 연구팀의 연구를 보면, 자신의 상황을 통제하는 힘이 있는 사람은 그렇지 못한 사람보다 스트레스가 27%나 낮았다. 이처럼 스스로 상황을 통제할 수 있을 때는 스트레스가 감소되지만, 그러지 못할 때는 걷잡을 수 없는 감정에 휘둘리게 된다. 결국 자신이 무엇을 하든 스스로 선택한다면 그만큼 스트레스를 약화시킬 수 있는 셈이다.

감정노동자에게 필수인 웃는 가면 역시 마찬가지다. '누군가에게 잘 보이기 위해서가 아니라 나 자신을 위해 웃자'라는 생각은 상당히 힘이 세다. 스스로 선택했기 때문이다. 자발적 선택이야말로 행복을 자라게 하는 씨앗임을 증명한 실험이 있다. A그룹의 노인들에게는 자유를 주었다. 그들이 원하는 음식을 만들어 먹고, 원하는 영화를 골라서 볼 수 있으며, 원하는 화초를 키울 수 있는 선택권을 주었다. B그룹의 노인들에게 역시 같은 조건을 주었지만 식사와 영화만 스스로 선택할 수 있게 하고, 화초는 간호사에게 키우도록 맡기게 했다. 결과는 어땠을까? 언뜻 보면 B그룹이 훨씬 더 편해 보일 수도 있지만, 18개월 후 A그룹의 사망자는 B그룹의 15%에 불과했을 뿐만 아니라, 행복지수와 건강지수도 A그룹이 훨씬 높았다. 이처럼 아주 사소한 것이라 해도 선택이란 자유는 우리의 행복과 건강에 막대한 영향을 끼친다.

한 친구는 몇 년씩 열심히 일한 후엔 반드시 자신에게 세계 여행을 선물한다고 했다. 인생의 주인공으로 살려는 의지가 큰 그에게서 눈물 마른 피에로의 향기가 느껴졌다. 그 역시, 몇 개의 가면을 쓰면서 인생에 치이는 시간들이 많았을 것이다. 하지만 더 이상 환경에 떠밀려 인생의 조연으로 살지 않겠단 선언으로 '여행'을 택한 것이리라. 여행이야말로 온전히 스스로 선택한 자유임과 동시에 그 자유를 다시 한 번 확인할 수 있는 통로 아니던가. 그를 만나면 그의 건강한 에너지가 나에게까지 전달되는 것 같아 내 기분까지 밝아진다. 자기 삶의 주인공으로 사는 사람들은 그래서 아름답다.

반드시 모든 이로부터
사랑받아야 한다고 생각하지 마라.

니체

민낯을 사랑해주는
단 한 사람

가면 스트레스에서 벗어날 수 있는 또 하나의 방법은, 가끔은 가면을 철저히 벗어버리는 것이다. SBS 예능프로그램인 〈힐링캠프〉에 한 철학자가 출연한 적이 있다. 그때 여자 MC인 성유리가 그에게 이런 고민을 털어놓았다.

"연예인이다보니, 가면을 쓰는 게 익숙해요. 그런데 밤늦게 집에 돌아와 자려고 누우면 너무 외로워요. 이럴 땐 어떻게 해야 하나요?"

그때 철학자가 답했다.

"남자친구가 있나요? 남자친구가 있다면, 그에게는 진짜 솔직한 내 모습을 보여주세요. 이 지구상에서 단 한 명이라도 가식 없는 내 모습을 사랑해주고 인정해준다면 훨씬 덜 외로워요."

성유리와 같은 고민에 빠져보지 않은 사람이 있을까. 화려한 연예인이나 커리어우먼으로 살다가 아무도 없는 집으로 돌아와 혼자 멍하니 앉아있을 때 밀려오는 외로움의 크기가 얼마나 거대한지 느껴보지 않은 사람이 있을까 말이다.

철학자의 말처럼 화내고 싶을 때 화내고, 울고 싶을 때 펑펑 우는 내 모습을 다 받아주는 한 사람, 설령 세상 사람이 다 나를 욕해도 언제나 변함없이 내 편인 단 한 사람이 있다면, 가면 스트레스는 훨씬 줄어들 것이다.

나 역시 그렇다. 명색이 서비스 전문가이자 이미지 컨설턴트인데, 밖에서 혹시라도 '뭐야, 자기 이미지 관리는 별로네?' 란 말을 듣지는 않을까 조마조마해 늘 바짝 긴장하고 살았다. 화장과 치장에 더 집착한 이유도 이 때문이다. 그런데 내가 두꺼운 화장을 걷어낸 이유 중의 하나는 바로 남편의 칭찬 덕분이다. "박영실은 화장 안 한 게 훨씬 더 예뻐." 민낯으로 있을 때 이 말을 자주 해주는 남편 덕분에 여자로서의 자존감이 얼마나 높아졌는지 모른다. 이 말이 새빨간 거짓말인 줄을 뻔히 아는데도 그렇다. 높아진 자존감은 밖에서 받는 가면 스트레스를 덜어준다. 억지 가면 대신 긍정의 가면을 쓰게 만들어준다.

한 친구 역시 내게 이런 말을 했다. "내 남편의 수많은 단점에도 불구하고 내가 그이를 사랑하는 이유는 단 하나야. 있는 그대로의 내가 참 괜찮은 여자라고 느끼게 해주거든. 덕분에 낮았던 자존감이 정말 높아졌어. 그게 고마워서 사랑하지 않을 수 없어." 그 한 사람이 반드시 남편이나, 남자친구 같은 이성일 필요는 없다. 엄마일 수도 있고, 진짜 허물없는 죽마

고우일 수도 있다. 가식 한 오라기 걸치지 않은 내 모습을 있는 그대로 인정해주는 사람이 한 명이라도 있다는 것, 그것은 참 행복한 일이다.

긍정의 가면과
자신을 일치시키기

영국 엘리자베스 여왕 시대의 일이다. 중국의 고위관리자를
초대한 만찬 자리에서 레몬 한 조각이 띄워진 물이 근사한
그릇에 담겨 나왔다. 초대된 중국고위관리자는 그 물을 시원
하게 들이켰고 그 광경을 목격한 영국 고위관리자들은 당황
하다 이내 속으로 손가락질을 했다. 왜냐하면 그 물그릇은
마시는 물이 담긴 그릇이 아니라, 손가락을 씻는 물이 담긴
'핑거볼'이었기 때문이다. 그들의 눈에는 그 물을 마신 중국
관리자가 서양의 테이블 매너를 전혀 모르는 몰상식한 사람
이었던 것이다. 하지만 엘리자베스 여왕은 주저하지 않고 그
핑거볼의 물을 함께 마셨다. 그녀의 행동은 중국 고위관리자

에게 잘 보이기 위한 가식일까? 상대를 배려하는 가식은 사회에서 꼭 필요한 매너다. 버려야 할 가식이 있다면, 꼭 갖춰야 할 가식도 있는 법이다.

가면을
진짜 얼굴로 만들자

어느 날 한 인터넷 기사에 관심이 갔다. 잘나가던 김성주 아나운서가 자신이 프리랜서 선언을 했을 당시를 회상하는 내용이었다. 김성주 아나운서는 프리 선언과 동시에 의도치 않게 백수생활을 하게 되었다. 야심찬 첫 기대와 달리 아무도 찾아주는 곳이 없자 절망감만 커져가던 때였다. 그때 휴대폰 문자 하나가 도착했다. 바로 선배 이금희 아나운서가 보낸 것이다.

"백수생활 어때요? 아주 짧은 시간일 테니 충분히 만끽하셔야 해요. 아이고, 부럽다. 항상 기억하세요. 모든 게 잘 될 거야, 난 행복한 사람이야!"

김성주는 당시 진심이 담긴 선배의 문자가 눈물 나게 큰 힘이 되었노라 고백했다. 기사를 보던 나 역시 참 그녀답다란 생각에 입가에 흐뭇한 미소가 지어졌다.

그녀를 처음 만났던 2008년부터 지금까지 나 역시 그녀와 많은 문자를 주고받으면서 격려와 위로를 받았다. 솔직히 그녀를 직접 만나기 전까진, 그녀의 반듯하고 따뜻한 아나운서의 모습은 그저 방송 이미지일 뿐이라 생각했다. 하지만 그녀를 처음 만난 날 그 편견은 바로 깨졌다. "박영실입니다." 내 이름 소개와 함께 명함을 건넨 내게 그녀가 말했다. "어쩌지요? 저만 명함을 받아서요. 죄송하게도 저는 명함이 없답니다." 얼굴이 곧 명함인 유명 아나운서이니, 명함이 없는 게 뭐 그리 큰 문제랴. 그런데 그녀와 헤어진 지 5분 후에 낯선 번호가 찍힌 전화가 걸려와 받아보니, 바로 그녀였다. "안녕하세요? 조금 전에 인사했던 이금희예요. 제가 조금 전에 명함을 드리지 못해서요. 이 번호로 저장해주시겠어요?"

참 따뜻했다. 명함 없는 여자. 사실 명함이 필요 없는 여자, 이금희에게서 풍겨나오는 그 따뜻함은 시간이 지날수록 더 향기로웠다. 그녀가 진행하는 아침방송에 출연하면서 방송에서 보이는 그녀의 모습과 방송 밖에서의 모습은 습자지 정도의 차이밖에 없다는 걸 피부로 느낄 수 있었다. '그녀의 그런 모습이 억지로 만들어낸 가식이 아니었기에 이토록 오랜 시간 동안 많은 이로부터 사랑받는구나'라는 생각이 절로 들었다. 김성주의 에피소드 역시 그런 모습의 연장선이었다.

대중매체에 오르내리는 유명인들에겐 '카메라 샤워Camera Shower'라는 것이 있다. 카메라에 많이 노출될수록 외모가 보기 좋아진다는 방송가 법칙이다. 방송을 처음 하는 초보자들은 어색하고, 어딘지 모르게 촌티가 난다. 하지만 카메라 샤워를 하면 할수록 외모가 수려해지고 얼굴에서 빛이 난다. 실제로 대부분의 유명인들은 카메라에 노출될수록 매력적으로 보이는 표정이나 각도, 제스처 그리고 의상컬러와 디자인에 대한 심미안이 거의 최적화된다. 그런데 카메라 샤워가 반드시 좋은 것만은 아니다. 그렇게 멋져지고 인기가 높아질수록 비례해 생기기 쉬운 게 바로 자만심이기 때문이다. 솔직히 인기가 치솟을수록 거만해지는 연예인들이 얼마나 많은가. 카메라 샤워를 받아도 변함없이 겸손하고 따뜻한 이금희 아나운서의 매력은 그래서 더 빛이 난다.

그런데 문득 궁금하다. 그녀는 항상 따뜻하고 겸손한 자신의 모습이 가식적이라고 느껴질 때는 없을까. 그녀도 사람인지라 가끔은 그렇게 느껴질 수도 있다. 하지만 대중으로부터 받는 찬사와 사랑이 그녀가 스스로의 긍정적인 측면을 유지하고 발전시키는 데 큰 도움이 되었을 것이다. "어쩜 그렇게 마음이 따뜻하고 배려가 넘치세요." 이런 칭찬을 주위에서 계속 듣게 되면, 그 기대에 부응하고 싶은 게 사람 심리다. 그래서 더 부단히 노력하고 자신을 관리한다. 그게 반복되면 습관이 되어 자연스러워지는 것. 이런 가면이야말로 성공적인 사회생활에 꼭 필요한 것이다.

한 연구에 따르면, 조깅하는 사람들은 자기를 보는 사람이 없다고 생각할 때보다 누군가가 자신을 보고 있다고 생각할 때 조금 더 열심히 달린다. 그래서인지 나 또한 집에서 러닝머신을 할 때보다는 한강에 나가서 뛸 때 속도는 물론 자세도 더 신경을 쓰게 된다. 운동복과 러닝화 역시 좀 더 세련된 걸 고른다. 위생 수칙에 관해서도 유사한 연구가 있는데, 공중화장실에 혼자 있을 때보다 다른 사람들이 있을 때 볼일을 보고 나서 손을 씻는 빈도가 높다는 결과가 있다. 생활 속에서 많은 이의 관심을 받는 유명인들의 경우, 아무래도 행동거지 하나하나에 더 신경을 쓸 수밖에 없기에 스트레스가 높아지긴 할 테지만, 그걸 역이용하면 이처럼 긍정적 효과를 볼 수 있다. 왜냐하면 어쩔 수 없이 해야 하는 이미지 메이킹이라 하더라도 이것을 습관으로 교정시키면, 진짜 그것이 내 모습이 되기 때문이다. 긍정적인 행동과 말, 태도를 취하게 되면 보다 좋은 운을 끌어오는 선순환 속으로 자연스럽게 빠져들 수 있다. 미국의 철학자이자 심리학자인 윌리엄 제임스William James는 이렇게 말했다.

"생각이 바뀌면 행동이 바뀌고, 행동이 바뀌면 습관이 바뀌고, 습관이 바뀌면 운명이 바뀐다."

긍정의 가면을 스스로 선택하고 그것을 자신을 대표하는 이미지로 만들기 위해 부단히 노력하면 결국엔 진짜 그렇게 될 수 있다.

강한 것을 이기는 부드러움

TV 프로그램 〈꽃보다 누나〉를 보면서 배우 김희애가 보인 특유의 배려심이 유독 눈에 띄었다. 그녀가 출연한 영화의 감독 역시 그녀를 이렇게 평가했다. "실제로 모든 사람들에게 친절하게 대해주시는데, 꼭 그게 가식처럼 보이진 않지만 사람들에게 완벽해 보이기 위해 너무 애쓰는 것 같아요. 조금은 긴장을 푸는 것도 좋을 것 같아요." 그가 이렇게 말한 이유는 힘든 장면에서 컷을 외치면, 한 번쯤은 화를 낼 법도 한데 김희애는 화를 내기는커녕 오히려 더 미안해하면서 어쩔 줄 몰라한다. 감독 입장에선 반대로 그런 면이 더 미안했던 것이다. 그런데 그랬던 그녀가 밥차만 오면 어린아이처럼 기뻐하면서 1등으로 달려가 기다리는 걸 보고 '진짜 밥을 좋아하는구나' 싶어서 웃었단다.

이에 대해 김희애는 해명 아닌 해명을 했다. "어릴 때는 저도 얼마나 많이 화를 내고 성질을 부려댔는지 몰라요. 그런데 그때를 생각하면 지금도 얼굴이 화끈거릴 정도로 부끄러워 죽겠어요. 이제는 더 이상 스스로에게 창피하고 싶지 않아요. 그리고 식탐이 많아서 밥차를 좋아하는 건 인정해요. 그런데 밥차로 가장 먼저 달려가는 이유는 제가 뒤에 서 있으면 동료나 스텝들이 부담스러워 하더라고요. 그래서 차라리 제일 먼저 받는 게 낫겠다 싶었어요."

그녀가 얼마나 스스로를 갈고 닦았는지 말해주는 대목이다. 대중으로부터 오랫동안 사랑받는 이들의 비결은 모든 사람들에게 두루 친절하려 노력하고, 화날 때조차 미소 띤 긍정의 가면을 쓰기 위해 마음을 부단히 갈고 닦았기 때문이 아닐까. 그들은 세상을 바꾸는 힘이 강한 게 아니라 부드러움이란 걸 깨달은 사람들이다. 이를 통해 만들어진 긍정의 가면은 자신뿐 아니라 다른 사람까지 웃음 짓게 만든다.

'돌직구'라는 말이 유행할 정도로 독설이 용감함과 솔직함의 표현으로 미화되기도 했지만, 상대에 대한 배려와 존중이 없는 돌직구는 무례함일 뿐이다. 관계에 있어서는 돌직구보다 배려와 존중이 바탕이 된 예의가 더 훌륭한 가치다.

예의란 곧 매너manner를 말한다. 그런데 매너라는 말은 라틴어 Manus(마누스)와 Arius(아리우스)의 복합어다. Manus는 사람의 '손, 행동, 습관'을 뜻하며 Arius는 '방법, 방식'을 뜻한다. 즉 사람마다 가지고 있는 독특한 몸가짐이나 습관이 바로 매너인 것이다. 그런 면에서 보면 매너란 스스로 단련시킨 긍정의 가면인 셈이다. 인간이 사회적 동물이기에 다른 사람들과 적절히 어울려 살아야만 하는 존재라면, 가능하면 서로 화목하게 지내고 존중하며 어울려 살 수 있도록 해주는 긍정의 가면인 매너를 귀중하게 여겨야 한다.

사람이 사람을 헤아릴 수 있는 것은
눈도 아니고, 지성도 아니거니와
오직 마음뿐이다.

마크 트웨인

'가식' 스스로 진단하기

거울 속 자신을 10초 동안 바라본 후, 다음의 각 항목을 읽고 자신의
모습이나 심정에 해당되는 것에 ✓ 표시를 해봅시다.

＊각 항목당 1점씩 총 20점 만점

1 집에서 입는 옷은 신경을 전혀 안 쓰는 편이다. ☐

2 남 앞에서 착한 척할 때가 있다. ☐

3 이성 앞에서는 멋있는 척, 대범한 척, 예쁜 척을 하는 편이다. ☐

4 SNS에서의 모습과 현실에서의 모습이 많이 다르다. ☐

5 상대의 말이 재미없어도 재미있는 척한다. ☐

6 친구가 새로 산 옷이 별로여도 멋지다고 한다. ☐

7 운전할 때 평소와는 많이 다른 모습이다. ☐

8 익명이 보장된 공간에서는 다른 모습으로 변하는 편이다. ☐

9 자신의 만족보다 남들의 시선과 평가에 민감하다. ☐

10 자신보다 남들에게 인정받는 것이 더 중요하다. ☐

11 칭찬받고 싶어서 하는 일이 많다. ☐

12 옷이나 차를 살 때 남들이 어떻게 볼지를 먼저 생각한다. ☐

13 남들이 보고 있을 때 더 열심히 운동한다. ☐

14 화장실에서 누군가 나를 보고 있을 때 손을 더 꼼꼼하게 씻는다. ☐

15 남들과 함께 있을 때 가족에게 더 잘하는 편이다. ☐

16 집에서 혼자 식사할 때는 그릇에 전혀 신경을 쓰지 않는다. ☐

17 자연스러운 사진보다는 연출된 사진을 주로 찍는다. ☐

18 남 앞에서 솔직하지 못한 편이다. ☐

19 사람들이 SNS에 올리는 사진이나 이야기는 꾸며진 경우가
많다고 생각한다. ☐

20 남에게 솔직하면 손해 본다고 생각한다. ☐

▶ 16~20점 : 심각한 가식에서 하루빨리 빠져나오세요!

가식이 심각한 상황입니다. 자신을 보호하기 위해 말이나 행동을 지나치게
꾸미기 때문에 인생의 주인공으로 살지 못하고 남의 잣대에 휘둘리게 됩니
다. 인생의 주인공으로 살기 위해서는 남의 잣대보다는 자신의 잣대로 생각
하고 행동하는 노력을 멈추지 말아야 합니다. 스스로 내 가치를 높이는 자존
감은 더 키워야 합니다. 어떤 문제에 부딪쳤을 때 남의 이목을 의식해 해결
책을 선택하면 가면을 쓰고 있는 것이고, 내 행복을 위해 하는 선택이라야
진짜라는 사실을 기억하세요!

▶ 8~15점 : 이 정도의 가식은 누구나 갖고 있어요!

보통의 가식 수준에 해당됩니다. 평소 자신이 가식적이라고 느끼지만, 가식적
인 태도를 바꾸고 싶은 의지만 있다면 변화할 가능성 또한 높습니다. 가식적
인 모습을 보다 진솔하게 표현하겠다는 목표를 세우는 것이 중요합니다. 화내
고 싶을 때 화내고, 울고 싶을 때 펑펑 우는 내 모습을 다 받아주는 한 사람
을 만들어보세요! 그 사람은 당신의 가면 스트레스를 덜어줄 고마운 조력자가
될 것입니다. 살면서 긍정적인 가식은 윤활유가 될 수도 있다는 사실을 기억
하세요. 억지로 웃지 않아도 웃는 얼굴의 가면을 쓰면, 마치 내가 웃는 것처
럼 보입니다. 가면을 잘만 활용하면 도움이 된다는 것이지요. 자신의 진짜 모
습과 가면 사이의 괴리감이 커지는 건, 남의 시선을 의식하기 때문입니다. 삶
의 주인공은 바로 나 자신이라는 사실을 항상 기억하세요.

▶ 7점 이하 : 가식과는 거리가 멀군요!

가식과는 거리가 좀 있습니다. 남의 시선과 평가에 큰 의미를 두지 않는 매
우 주체적인 삶을 사는 주인공입니다. 자신의 잣대를 기준으로 삶의 주인공
이 되어 당당하게 사는 모습은 좋습니다. 하지만 더불어 살아가는 이 사회에
서 '매너'같은 긍정적인 가식은 타인과의 관계를 부드럽게 해주면서 자신
의 삶을 더욱 풍요롭게 만든다는 점을 기억하세요.

CHAPTER 4

타인이 아니라
더 나은 자신을 부러워하라

혼자가 아니라서
비교한다

우리는 태어나면 신생아실에서부터 누군가와 비교당한다.

"여보, 우리 애 울음소리가 제일 우렁찬 것 같지 않아?"
"손가락 긴 것 좀 봐, 신생아 중에서 제일 긴 것 같아."

여기서 조금 자라면 누가 더 말을 빨리하는지를, 학교에 입학해서는 성적과 외모로 비교를 당한다.

"옆집 성진이는 이번에 성적이 올랐다더라!"
"너는 누구를 닮아서 이 모양이니?"

"형 발뒤꿈치만큼이라도 좀 따라가봐라!"

잘 되라고 하는 말인데도 왠지 기분이 쑥 아래로 꺼진다. 학교를 졸업하면 지긋지긋한 비교로부터 해방될 것 같았는데, 사회에 나오니 인맥과 능력 비교로 더 큰 스트레스를 받는다.

"옆집 준선이 아빠는 이번에 승진했대요. 당신은 언제 만년과장
  딱지를 뗄 거예요?"
"당신은 왜 장모님 음식솜씨를 안 닮았어?"

이쯤 되면 일생은 피곤한 비교의 연속인 셈이다.

타인의 처지에
좌지우지되는 감정

특히 내 처지가 비참하다고 느껴질 땐 더더욱 남들과 자신을 비교하는 심리가 작동된다. 그리고 상대방의 상황에 따라 내 기분이 들쑥날쑥 바뀐다.

취업준비로 스트레스가 이만저만이 아니었던 제자가 어느 날 기분이 좀 나아졌노라고 실토했다. "사실 얼마전에 인턴 사원 지원에 다섯 번 연속으로 떨어진 친구를 만나서 위로를

해주고 왔는데, 그러다보니 그 친구보다는 제 사정이 좀 낫다 싶어 기분이 좋아지더라고요. 이런 제가 야비한 것 같지만, 그런 마음이 든 것은 사실이에요."

반대의 상황도 있다. 자신은 삼 년째 밸런타인데이에 방구석에서 라면에 밥 말아먹으며 드라마나 보는 신세인데, 한 달 전 남자친구와 헤어졌다며 울고불고한 친구는 그새 새 애인을 사귀었다고 한다. 그것도 인물도 훈훈한 명문대생으로 말이다. 그런 친구의 남친 자랑을 몇 시간씩 듣고있노라면 도대체 난 뭔가란 생각에 안 그래도 초라했던 자신이 한없이 더 작아진다.

실제로 불행한 사람들은 남들과의 비교로 기분이 오르락내리락한다는 걸 증명하는 연구결과가 있다. 스스로 행복하다고 느끼는 사람들과 불행하다고 느끼는 사람들, 이 두 집단에게 철자풀이 과제를 내주었다. 그리고 자신들의 결과는 물론 다른 집단의 결과까지 모두 알려주었는데, 행복한 사람들이든 불행한 사람들이든 좋은 점수를 받으면 모두 기분이 좋다고 답했다. 하지만 상대집단의 점수를 알고 난 후에 두 집단의 태도는 확실히 달라졌다.

행복한 사람들은 다른 사람들의 점수가 자기보다 더 좋든 나쁘든 기분의 변화 없이 자기 점수에 만족했다. 하지만 불행한 사람들은 달랐다. 그들은 다른 사람들의 점수에 의해 기분이 좌지우지되었다. 다른 사람들의 점수가 자신보다 더 낮을 땐 기뻐했지만, 반대일 땐 기분이 침체되면서 불쾌해했다. 그러곤 자신을 비하하기 시작했다. "그럼 그렇지, 나만 잘 맞췄을 리가 없지."

유명인사의 불행에 관심을 갖는 이유

그래서인지 어떤 이들은 불행하고 힘들다고 생각이 들 때, 자기보다 더 힘든 상황의 친구를 만난다. 사실 나보다 처지가 안 된 친구들의 이야기를 듣다보면 기분이 조금은 나아지는 것을 부정하기 어려울 것이다. 친구의 큰 불행은 내 불행을 별것 아닌 걸로 보이게 만든다. 특히 유명인사들의 경우, 대중은 그들의 행복한 소식보다 불행한 소식에 더 민감하다.

한 연구에서 실험 참가자들에게 영화의 시나리오를 읽게 한 후, 뇌의 상태변화를 체크했다. 그런데 참가자들은 주인공이 불행해지는 대목을 읽을 때 뇌에서 쾌감을 느끼는 부분 즉, 선조체가 활성화되었다.

연구 결과가 의미하듯 우리사회에서 잘나가던 유명인사가 갑자기 추락하는 뉴스는 입에서 입으로, SNS 등을 통해 말 그대로 'LTE 속도'로 급격히 퍼져나간다. '쯧쯧, 어쩌다 저리

됐을까?' 하면서 안타까워하지만 그 마음의 이면에는 '나는 그 정도 문제로 몰락할 만큼 유명하지 않은 게 차라리 다행이야!' 하며 안도하고 만족하는 비교심리가 숨어있다.

연구자는 이런 모습 속에서 사람들의 숨은 욕망을 들추어낸다. "유명인사의 불행이 언론에 자주 등장하는 이유는 미디어가 정의를 실현하거나 대중의 알 권리를 보장하기 위해서만은 아니다. 대중의 비교심리에 휘둘리는 것이다." 이처럼 남들의 추락이 내게는 위안이 된다. 심지어 이 심리가 극에 달하면, 잘나가는 사람을 바닥으로 끌어내리고 싶은 검은 욕망이 피어오르기도 한다. 누군가에게 한 가지 문제가 터져 나오면, 그의 다른 문제들까지 줄줄이 탈탈 털려 나오는 이유가 바로 여기에 있다.

왜 내가 한 일은
더 높게 평가할까

비단 내 처지가 최악이 아니라도 우리는 일상에서 왠지 남의 떡이 더 커 보인다는 느낌을 자주 받는다. 교통체증이 심한 도로를 달리다보면, 옆 차선이 더 잘 빠져나가는 것 같아서 재빨리 차선을 바꾼다. 그런데 웬걸, 그때부터 바꾸기 전의 차선이 더 잘 빠져서 김이 팍 샌다. 도서관에서 살다시피 하면서 공부하는 나보다 소개팅도 자주 하고, 유명한 가수의 콘서트도 매번 따라다니는 친구의 학점이 훨씬 높다. 프로젝트 기획부터 운영까지 진 빠지게 일한 것은 난데, 팀장은 프레젠테이션만 진행한 동료에게 엄지손가락을 치켜세워준다. 학창시절 때는 공부도 지지리 못하고, 나보다 얼굴도 못 생긴 친구가 결혼은 나보다 더 잘한 것 같다. 나는 뭐 하나를 얻으려면 죽을 힘을 다해야 하는데, 남들은 어쩜 그렇게 쉽게 뭔가를 얻어낼까? 이에 대해 한 심리학자가 내게 이렇게 말했다. 어렵지 않게 공감할 수 있을 것이다.

"이유는 간단합니다. 자신이 하는 일과 노력은 실제보다 힘들다고 과대평가하면서 다른 사람들이 하는 일이나 노력은 과소평가하는 '자기중심적 편파' 가 장난치기 때문입니다."

심리학자 마이클 로스Michael Ross 역시 결혼한 부부들에게 자신이 가정에 기여한 바를 묻는 실험을 한 후 비슷한 결과를 발표했다. 부부들은 자신의 기여도는 현저히 더 높게 평가한 반면, 배우자의 기여는 상대적으로 낮게 평가했다.

그 이유 중에 하나는 바로 자신이 잘한 것은 처음부터 끝까지 다 기억하고 있지만, 배우자의 공로는 띄엄띄엄 기억하고 있기 때문이었다. 예를 들어서, 자신이 새벽부터 늦은 밤까지 발표준비를 하면서 겪었던 피곤함과 고통 등은 모두 기억에 남아있지만, 친구가 얼마나 열심히 준비했는지는 알 수가 없고 단지 발표하는 그 순간만 관찰할 수 있어서다. 그래서 남이 하는 것은 무엇이든 상대적으로 순조로워 보이는 것. 미국 최초 여성 앵커인 바바라 월터스Barbara Walters는 후배들이 "당신처럼 살고 싶어요"라고 하는 말을 듣고, 재치 있지만 의미심장한 대답을 했다. "내 인생을 패키지로 몽땅 가져가야 하는데 괜찮겠어요?"

원만하지 않았던 가정사, 심란한 결혼 생활과 스캔들, 고된 사회생활 등 보이지 않는 그림자까지 가져가야 하는데 괜찮겠냐는 뜻이었다. 그런 어두운 부분은 보지 못한 채 밝은 빛만 보면서 자신과 비교하고 부러워하는 건 어패가 있다는 말이다. 결국 남의 떡은 그저 내 눈에 커보이는 것일 뿐, 진짜로 큰지는 직접 대보지 않는 이상 알 수가 없다.

철학자 데카르트는 '비교만큼 자신의 행복을 해치는 감정은 없다'라고 말했다. 우리는 저마다 다르게 생겼다. 그렇기 때문에 남과 비교를 한다는 것은 사각형과 삼각형을 비교하겠다며 도무지 맞지 않는 귀퉁이를 맞추려고 안간힘을 쓰는 것처럼 우스꽝스럽고 모순된 일이다. 저마다 삶의 기준이 다르다. 그래서 서로 다른 삶을 살아왔고, 살고 있으며 앞으로도 그렇게 살아갈 제 자신만의 꼴과 결과 장점을 스스로 찾아내 뚝심을 세우는 것이 중요하다. 잘난 사람과의 비교든, 못난 사람과의 비교든 둘 다 결국은 진정한 행복에 방해꾼이 될 뿐이다.

비교는 언제나
상대적이다

수능 모의고사에서 전국 상위 1%에 속한 우등생인 서경이는 친구들의 부러움을 한 몸에 받지만, 정작 자신은 하루도 마음 편할 날이 없었다. 늘 전교 1등을 놓치면 안 된다는 압박감이 1년 365일 가슴을 옥죄어왔기 때문이다. 특히 시험기간이 다가오면 숨도 제대로 쉴 수 없을 만큼 힘들었다. 결국 그는 잘못된 선택을 하고 말았다. 아무도 없는 밤에 교무실에 몰래 들어가 기말고사 시험지를 훔치고 만 것이다.

이는 실제로 몇 년 전 서울의 한 외국어 고등학교에서 벌어진 사건이다. 성적순으로 학생들의 서열을 나눈 잘못된 교육 문화가 만들어낸 참극이었다.

도처에 널린
비교거리

학벌은 우리 사회의 비교 잣대 중 가장 만성적인 축에 속한다. 좋은 대학을 나오지 못하면 취업에서도 불리해지고 취업이 불리해지면 사회적인 지위가 낮아질 확률이 높다. 이 악순환으로부터 어느 누구도 자유로울 수 없는 나라가 바로 대한민국 아닐까 싶다. 물론 날 때부터 '금수저를 물고' 살아온 선택받은 사람 몇몇을 제외하고 말이다. 그렇다면 명문대를 다니고 취업이 어느 정도 보장된 학생들은 이런 비교문화로부터 자유로울까? 그 역시 아니다. 비교란 원래 한 번 하기 시작하면 끝도 없기 때문이다.

내가 몇 년째 강의를 하고 있는 대학교는 우리나라에서 손꼽히는 명문여대다. 그럼에도 불구하고 교생실습을 다녀온 학생들은 더 좋은 대학교 출신의 학생들과 비교당할까 노심초사했노라고 실토하곤 한다.

"교수님, 아직도 저희 반이었던 학생들에게 문자가 오고 있어요. 그래도 제가 아이들이랑 많이 친해지긴 했나봐요."
"얼마나 잘했으면 학생들이 아직도 문자를 보내니. 정말 실습 잘하고 왔나보다."

내가 격려를 해주자 학생은 한숨을 내쉬면서 이렇게 말했다.

"교수님 말도 마세요, 사실 어쩔 수 없었어요. 저와 같이 실습 나
온 학생이 서울대생이더라고요. 학생들이 분명 그 친구랑 절 비
교할 텐데, 학벌이 밀리니까 인간성이라도 좋단 소리를 듣고 싶
더라고요."

그녀의 대답에 나 역시 답답해졌다. 그녀는 끊임없는 비교
의 동아줄에서 아직 자유로워지지 못한 것이다. 같은 명문대
학에서조차 비인기학과의 학생들은 인기학과의 학생들과 자
신을 비교할 것이다. 또 인기학과 학생들도 해외연수차 외국
에 갔다가 하버드생이라도 만나면 그 앞에서 초라한 자신을
발견하며 마음고생할지 모를 일이다.

하버드생 부모의
남다른 철학

비교경쟁에서 뒤처져 있더라도 그건 어디까지나 잠시 느끼는
낙담일 뿐 누구도 지속적으로 낙오자란 낙인이 찍혀서는 안
된다. 개인적으로나 사회적으로 둘 다 그러해야 한다. 하지만
실제로는 그렇게 쿨하기가 쉽지 않다. 태어남과 동시에 끊임

없이 비교당하는 문화 속에서 살아왔기 때문이다.

하버드생을 키워낸 부모들을 대상으로 설문조사한 결과, 아이가 성장하는 동안 가장 중요하게 여긴 교육철학은 바로 '남과 비교하지 않기'였다고 한다. 혹자는 이렇게 얘기하기도 한다. '공부를 제일 잘하니까 비교할 사람도 없고, 비교할 필요도 없는 거겠지!' 물론 완벽히 틀린 말은 아니다. 하지만 비교는 언제나 상대적이고 주관적이다. 비교를 하려고 하면, 그 대상을 정하지 못할 사람은 없을 것이다. 하지만 이 아이들은 타인과의 비교가 아니라 더 나은 제 자신의 모습과 현재의 모습을 비교하는 습관 덕에 그 자리까지 갈 수 있었다.

부모들은 타인은 물론 형제 사이에서도 비교하는 말과 행동은 절대 삼갔다. 뿐만 아니라 성적 자체만으로도 혼내거나 비난하는 일도 없었다. 다만 노력이 부족했거나 누군가의 도움이 필요한 상황에서 도움을 요청하지 않은 행동에 대해서는 짚고 넘어가는 것이 이들 부모의 교육방침이었다. 그 덕분일까? 아이들은 남과의 비교가 아닌 자기만의 삶의 플랜을 짜는 방법을 알게 되었다는 게 그들의 연구 결론이었다.

그리고 보니, 얼마 전에 만난 친구들과 나눈 이야기가 기억난다. 도대체 아이를 어떻게 키워야 하는지 모르겠다며 한 친구가 하소연을 했다. "우리 아이는 자기는 공부를 왜 해야 하는지 도통 이유를 모르겠대. 이럴 때 정말 뭐라고 해줘야 하니?"

그러자 우리 사이에서 만물박사로 통하는 친구가 입을 열었다.

"공부를 해야 하는 분명한 이유와 목표를 만들도록 도와줘야 하지 않겠어? 인생을 행복하게 디자인하는 사람들은 대개 성품과 능력이 모두 뛰어나. 사람은 네 가지 스타일이 있어. 첫 번째는 성품은 좋은데 역량이 떨어지는 경우야. 학생을 예로 들면 노트를 빌려달라고 하면 선뜻 유쾌하게 빌려주는데 공부는 못하는 친구로 좀 안타까운 스타일이지. 두 번째는 성품과 역량이 모두 떨어지는 경우로 공부도 못하면서 노트는 죽어도 안 빌려주는 친구야. 인생을 힘들게 사는 스타일이지. 이런 친구의 노트는 차라리 안 빌리는 게 낫지. 세 번째는 성품은 안 좋은데 역량은 좋은 경우로 공부는 잘하는데 노트는 절대로 안 빌려주는 친구, 친하게 지내고 싶지는 않은데 그렇다고 무시할 수 없는 스타일이야. 네 번째는 성품과 역량이 모두 뛰어난 경우로, 노트도 선뜻 빌려주고 친구들과의 관계도 좋은 스타일이지. 네 번째 스타일의 친구들은 공부도 남과 비교하면서 하기보다는 자신의 목표를 이루기 위해 스스로 열심히 해. 그래서 성적표를 받으면 몇 등이냐를 보기 이전에 자기 평균 점수부터 보는 스타일이야. 이런 아이로 키워보는 게 어때?"

나 역시 만물박사 친구의 이야기에 전적으로 공감한다. 비

남들보다 더 잘하려고 고민하지 마라.
지금의 나보다 잘하려고 애쓰는 게 중요하다.

윌리엄 포크너

교가 아닌 오직 자신과의 싸움에서 이기려고 노력하는 진정 매력적인 사람이 주변에 더 많아지면 좋겠다.

자신의 가치는
스스로 만들어가는 것

학교에서 학생들을 가르치다보면 취업 때문에 어쩔 수 없이 공부를 꾸역꾸역하는 경우를 많이 본다. 어쨌건 남들보다 더 좋은 직장에 들어가야 낙오되지 않을 거라는 강박관념 때문이다.

그런데 다 그런 건 아니다. 진심으로 학문에 대한 호기심과 즐거움을 위해 공부하는 친구들도 있다. 아직도 기억나는 학생이 한 명 있다. 시각 장애인인 그 학생은 강의실까지 오는 게 쉽지 않을 것 같았는데, 한 번도 지각이나 결석을 하지 않고 늘 맹인견과 함께 제일 앞자리에 앉아있었다. 수업에도 적극적으로 참여했을 뿐 아니라 질문도 가장 많았고 발표도 능숙하게 잘 해 친구들의 호응을 제일 많이 끌어내곤 했다.

"제 꿈은 저처럼 장애를 앓고 있는 친구들에게 단 1%의 희망이
라도 늘려줄 수 있는 사람이 되는 겁니다."

이렇게 말하면서 그러기 위해서는 무엇보다 학업을 열심히 해야 한다고 결의를 다졌다. 이런 학생에게는 A+ 학점도 부족해보였다.

친구들과 자신의 신체적 처지를 비교해 '왜 난 다른 친구들처럼 건강하지 못할까' 하면서 제 스스로를 가엽게 여기고 실의에 빠질 법도 한데, 단 한 번도 그런 모습을 보인 적이 없다. 악조건 속에서도 자신의 가치와 꿈을 위해 정진하는 그 학생은 누구보다 행복하고 자존감이 높아보였다.

누가 그를 감히 다른 학생들과 비교하면서 우열을 논할 수 있을까. 환경에 굴하지 않고 스스로의 가치를 만들어내는 사람이야말로 행복이 무엇인지를 제대로 아는 사람이다.

사랑은
비교 대상이 아니다

비교심리는 사랑을 하는데 있어서도 작용한다. 사실 우리는 상대가 나와 여러모로 잘 맞아서 만나는 것인지 눈에 보이는 조건이 좋아 만나는 것인지를 잘 구분해야 한다. 친구들에게 '내가 이런 남자를 만난다' 라고 과시할 수 있는 조건 좋은 남자라서 만나는 경우도 많기 때문이다. 바로 남들과의 비교에서 우위를 차지하고 싶은 심리 때문이다.

조건보다
사랑이다

친하게 지내는 동생이 얼마전 남자친구와 헤어졌다. 아니, 정확히 말하면 버림받았다. 그녀는 내가 봐도 남자에게 사랑을 넘어 집착하는 경향이 있었는데, 남자가 먼저 이별을 고한 것이다. 그녀는 울고불고 매달렸지만, 한 번 돌아선 남자친구의 마음은 얼음장처럼 냉랭했다.

하지만 시간이 약이라고 했던가. 근 몇 달간 식음을 전폐하다시피 한 그녀에게 다시 새로운 사랑이 찾아왔다. "정말 축하해. 어떤 남자야?" 내가 묻자, 그녀는 배시시 웃으면서 답했다. "전 남친만큼 스펙이 화려하진 않아. 그런데 나랑 관심사도 비슷하고 말도 잘 통해. 그와 이야기하다보면 정말 시간가는 줄 모르겠어."

늘 그녀가 먼저 남자에게 마음을 더 쏟는 것 같아 내심 불안했는데, 이번엔 왠지 그러지 않는 것 같아 보기 좋았다. 그런데 며칠 후 그녀가 내게 긴급상황이라며 무조건 만나자고 연락을 해왔다. "어쩌면 좋아. 언니, 예전 남친에게 연락이 왔어. 보고싶대. 다시 만나자고 그래.", "지금 새 남자친구랑 잘 되어가는데, 왜 신경을 쓰는 거니? 설마 아직도 미련이 남아있는 거야?"

그녀는 잠시 생각하는 듯하더니 내게 말했다. "솔직히 옛

남친을 진심으로 사랑하는 건지는 좀 헷갈리긴 해. 친구들 앞에서 남자친구라고 소개할 때 어깨가 으쓱해져서 좋긴 한데, 단 둘이 있을 땐 별 느낌 없거든. 아마도 조건이 좋은 남자라서 더 놓치기 아까웠던 것 같아. 그가 헤어지자고 했을 때, 사랑하는 사람을 잃는다는 슬픔보다는 이런 조건 좋은 남자를 어디서 또 구하나 하는 걱정이 앞섰다니까!"

"그랬구나. 그럼 답도 잘 알고 있겠네. 너는 지금 사랑을 잃은 게 아니라 자랑할 거리를 잃어서 슬픈 거잖아. 자랑보다 사랑을 원한다면 지금 만나는 새 남친에게 돌아가는 게 답이지 않겠어?" 결국 그녀는 전 남자친구에게 "다시는 연락하지 마!"라는 문자를 보냈고, 지금은 새 남자친구와 진짜 사랑다운 사랑을 나누고 있다.

평생 함께할 배우자의 조건

사실 상대의 조건을 포기하는 건 쉬운 일이 아니다. 그리고 조건을 아예 안 볼 수도 없다. 하지만 남의 눈을 너무 의식한 나머지 외형적인 조건만 따지다가 진짜 아까운 상대를 놓치는 경우도 주위엔 많다. 계약한 아파트 평수가 너무 작다며, 결혼 진행을 중단했다가 땅을 치고 후회하는 여성도 있었다.

그녀가 당시 결혼을 깬 이유는 "남들 보기 창피하게 어떻게 그런 작은 평수에서 신혼살림을 차리냐?"는 것이었다. 결국은 남들보다 잘 사는 모습을 보여주고 싶은 비교심리 때문에 사랑을 놓친 것이다.

얼마 전 결혼정보업체에서 조사한 결과를 보니, 남녀가 결혼의 경쟁상대로 신경 쓰는 대상이 남자는 가까운 친척, 여자는 시쳇말로 '엄친딸'이라고 한다. 하지만 이런 비교경쟁심리 때문에 선택한 보기 좋은 떡이 막상 먹어보니 상한 떡일 경우엔 어떻게 할 것인가. 상한 떡으로 인해 평생 탈이 난 배를 움켜쥐고 사는 게 과연 행복한 삶일까?

물론 나이가 드니 동창회에 나가면 남편의 지위나 직급으로 주목을 받는 경우가 많다. "글쎄, 우리 남편이 이번 생일선물로 열쇠 하나 주는 거 있지? 상가 하나 얻어줬어. 나더러 관리나 잘 하래." 잘나가는 치과의사를 남편으로 둔 A라는 친구는 생일 선물로 진짜 건물을 받았다면서 열쇠를 짤랑짤랑 흔들어댔다. 솔직히 부러웠다. 보석도 희소가치 있는 값비싼 것들로만 차고, 차도 최고급 외제차를 타고 다니는 걸 보면 '시집 잘 갔네'란 말이 절로 나온다. 그런데 웬일인지 그런 친구일수록 표정이 밝지가 않다. 얼굴에서 근심과 그늘이 보인다. '잘 나가는 남편이 그렇게 살갑게 대해주지는 않는가 보다' 하는 생각이 들게 한다.

반면 학창시절에 참 잘나갔던 B라는 친구의 남편은 돈을 잘 벌어다주지도 않고, A라는 친구의 남편만큼 잘나가지도 않지만, A는 적어도 남편에게 사랑을 듬뿍 받는 아내다. 얼마 전에 만난 B는 "너 시집 참 잘 갔다!"라는 말보다 자신의 남편에게 "내가 마누라 하나는 참 잘 얻었지!"라는 말을 들을 때 더 좋단다. 그 말을 하는 그녀의 행복한 모습에서 동질감이 느껴졌다. 얼마 전에 영화 〈어바웃 타임〉을 보면서 나 또한 비슷한 생각을 했기 때문이다. 특히 영화 속 아버지가 아들에게 건넨 대사가 마음에 스며들었다. 남들의 시선을 끄는 건 잠시지만, 결혼생활은 평생 지속되어야 하기 때문에 더욱 그렇다.

"인생은 누구나 비슷한 길을 걸어가는 거야. 결국엔 늙어서 지난 날을 추억하는 것일 뿐이지. 결혼은 조건에 맞는 사람이 아니라 마음이 맞는 따뜻한 사람과 하는 거야."

비교와 인정의 차이

얼마 전 지인에게 들은 유머가 있다. 김 일병이 입대한 지 5개월 만에 편지 한 통을 받았다. 애타게 기다린 애인으로부터

온 편지였다. 반가운 마음에 편지를 뜯어보았지만, 안타깝게도 편지 내용은 이별통보였다.

'오빠가 군대 간 뒤에 멋진 애인이 새로 생겼어. 오빠는 못생겼지만, 새 애인은 진짜 잘 생겼어. 오빠는 난쟁이 똥자루여서 나를 올려다봐야 하지만 새 애인은 180cm가 넘을 만큼 훤칠해 내가 늘 올려다보지. 오빠는 나를 낑낑대며 두 손으로 안을 때 내 발이 땅에 질질 끌리지만, 새 애인은 나를 한 손으로도 번쩍 안아준다고. 그러니까 그동안 함께 보냈던 시간들은 그냥 추억으로 간직하기 바랄게. 아 참, 그리고 갖고 있던 내 사진은 모두 보내줘!'

편지를 다 읽은 김 일병은 애인을 미련 없이 보내주기로 했다. 그러곤 내무반 동료들이 갖고 있던 여자 친구들의 사진을 모두 모아 애인에게 보냈다. 이런 내용과 함께.

'미안하다. 너의 얼굴이 잘 기억이 안 나서 내 여자친구들 사진을 모두 보내니까, 네 사진만 빼고 다시 돌려줘라.'

김 일병 역시 자기 가치를 몰라주면서 다른 남자와 비교나 하는 여자와는 더 이상 사귀고 싶지 않은 것이었다.

누군가와 비교당하는 게 얼마나 기분 나쁘고 맥빠지는지 알면서도 우리 역시 똑같은 실수를 저지른다. 대놓고 두 사람을 비교하는 일 말이다. 김 일병의 애인은 그냥 헤어지고 싶다고 말하면 되는데, 새로 사귄 애인과 김 일병을 지나치게 비교하면서 마음에 생채기를 냈다. 이런 일은 흔하게 일어난다. 가정에서는 엄마 친구의 자녀와 늘 비교당하며 자란다.

"옆집 딸 효지는 이번에 전교에서 1등 했다더라. 넌 왜 성적이 이 모양이니?"란 말을 하면서 부모들은 "다 너 잘 되라고 그런 거다"라고 덧붙인다. 하지만 너 잘 되라고 하는 말에 오히려 엇나가는 경우가 많다. 예전에 한 연예인이 TV에 나와서 학창시절을 돌이키며 이렇게 얘기했다. "부모님이 툭하면 옆집 사는 친구와 비교하면서 공부하라고 잔소리를 하셨어요. 그러면 공부를 하러 방으로 들어가고 싶다가도 다시 TV 앞에 앉게 돼요. 보란 듯이 반항하고 싶은 거죠."

회사에서도 마찬가지다. 그냥 혼내도 되는데, 경쟁업체 직원들의 능력과 비교하면서 윽박지른다. "어쩌다 이런 지질한 사원들만 모였는지 원, 쯧쯧." 하지만 사람을 변화시키는 건 비교보다는 인정의 말 한 마디다.

PIE Pacific Intermountain Express는 미국 물류서비스회사다. 어느 날 문제가 터졌다. 배송기사들의 부주의로 매년 25만 달러의 손해를 본 것이다. 파악해보니 원인 중 56%가 컨테이너 물품을 제대로 분류하지 않은 데서 비롯한 것이었다. 결국 애가 탄 회사는 품질관리 전문가 에드워드 데밍 박사에게 해결책을 요청했다. 과학적인 거대한 해결책이 나올 거라 예상했던 것과는 달리 데밍 박사는 오직 한 가지만 변화시킬 것을 제안했다. 바로 호칭이다. "배송기사를 이제부터는 '물품분류 전문가'로 부르도록 합시다!"

회사 측은 처음에는 반신반의했지만, 일단 시행해보기로 했다. 결과는 기대 이상이었다. 한 달 만에 배송오류가 10%나 감소한 것이다. 비교와 인정의 차이는 이렇게나 크다.

상대를 변화시키는 기술

얼마 전에 결혼 10주년을 맞았다는 후배와 점심을 함께 했다. 내가 결혼생활이 어떠냐고 묻자, 후배가 웃으며 이렇게 답했다.

"예전에는 남편이 아프다고 하면, '또?'란 말이 절로 나왔어. 다른 집 신랑들은 힘도 좋아서 집안일도 척척 도와준다는데 왜 이이는 맨날 아프기만 하는지 불만이 많았지. 근데 지금은 이 사람이 아프다고 하면 내가 더 아파. 그 사람 덕분에 내가 지금 이만큼 행복하게 사는 거니까."

후배의 말을 들으니 한 정신과 의사의 말이 생각났다.

"남자는요, 비교당하는 거 정말 싫어해요. '누구누구는 이런데 당신은 왜 만날 그 모양이야?'란 말은 부부나 연인 사이에서 금기어입니다. '당신 진짜 잘한다, 최고야' 혹은 '내가 믿을 사람은 당신밖에 없어. 그러니까 당신이 좀 도와줘' 하면, 야근하고 와서도 집안일을 해주는 게 바로 남자예요."

관계를 해치는 범인은 바로 비교의 말이다. 상대방을 변화시키고 싶어서 한 말이라고 생각한다면 큰 착각이다. 다시 말하지만, 상대방을 변화시키는 말은 칭찬과 인정이다. 가깝고 소중한 사이일수록 비교는 절대 금기다.

라이벌의 진정한
존재 이유

비교심리의 긍정적인 측면도 분명히 있다. 내 열정을 키워주는 비교라면 일부러라도 해야 할 때가 있다. 선의의 라이벌이 바로 그런 존재다.

라이벌rival은 라틴어에서 유래된 것으로 강물을 함께 사용하는 사람들이라는 '리발리스rivalis'에서 파생되었다. 이처럼 라이벌은 같은 강을 사이에 두고 살아가는 공생할 수밖에 없는 존재들이다. 만약 늘 비교의 대상이 되는 라이벌이 싫어서 그 강에 독을 탄다면 결국 자신도 함께 죽게 된다. 그러므로 라이벌은 미워할 대상이 아니라 자신의 성장을 위해 존재하는 고마운 사람이다.

세기의 라이벌,
피카소와 마티스

20세기 미술을 대표하는 두 거장, '자유분방한 어릿광대'로 불린 야수파의 파블로 피카소Pablo Picasso와 '점잖은 교수님'으로 불린 입체파 앙리 마티스Henri Matisse는 라이벌이었다. 두 화가의 대결은 늘 치열했다. 하지만 그 대결이야말로 서로에게 영감을 주며 현대 미술을 찬란하게 빛나게 하는 불씨가 되었다.

마티스는 피카소보다 12살이나 위였고, 무명의 피카소에겐 거의 멘토 같은 존재였다. 마티스에게 그림을 배우고 싶었던 피카소. 그는 무작정 그의 화실로 찾아가 마티스와 함께 지내게 된다. 하지만 그 둘은 서로 성격이 완전히 달랐다. 사사건건 시비가 붙고 대립하며 서로 헐뜯기까지 했다. 결국 피카소는 마티스의 곁을 떠났다.

하지만 마티스와 함께 한 시간 이후로 피카소의 화풍엔 큰 변화가 생기면서 주목을 받기 시작한다. 마티스 역시 피카소의 입체주의적 화풍에 영향을 받으면서 그림에 변화가 생긴다. 그럼에도 불구하고 마티스는 자기보다 무명이었던 피카소와 함께 이름이 거론되는 것 자체가 불쾌했다. 하지만 그가 숨을 거두면서 남긴 유언은 이랬다.

"피카소의 그림 옆에 내 그림을 놓지 마시오. 내 그림이 그의 열정으로 인해 빛을 잃을 테니까."

피카소 역시 마티스가 숨을 거둔 걸 알고, 몹시 힘든 나날을 보냈다. 그러곤 이렇게 말했다.

"나를 괴롭힌 마티스가 세상에서 사라졌다. 이제와 고백하지만, 마티스는 내 영원한 멘토이자 라이벌이다."

피카소가 마티스의 영향을 받으며 세상에 내놓은 그림 중 대표작은 〈아비뇽의 처녀들〉이었다. 마티스의 화풍과 비슷한 것 같지만, 아프리카 조각상의 거친 모습이 마치 살아있는 듯 입체적으로 느껴지는 게 마티스를 능가한다는 평을 얻은 그림이다. 피카소의 명언으로 유명한 "유능한 예술가는 모방하고 위대한 예술가는 훔친다" 역시 자신과 마티스의 관계를 두고 한 말이었다.

모방하되
뛰어넘어라

유유상종類類相從이라는 말처럼 함께 어울리는 친구들끼리는 참 많은 공통점이 있다. 처음부터 서로 비슷해서 호감을 느끼기도 했겠지만, 서로 관찰하면서 비교와 동시에 모방하며 더 비슷해진다. 여자들은 친구들끼리 옷 입는 법이나 화장법, 말투까지 닮아간다. 남자들의 경우 역시 말하는 스타일이나 패션 스타일이 비슷해진다.

이런 이유 때문에 '친구를 잘 사귀어야 한다', '친구를 보면 그 사람을 알 수 있다'는 말이 생긴 게 아닐까. 청소년이나 청년 시기에 멘토를 정하는 것 역시 비슷한 이유다. 모델을 정해놓고 그의 좋은 점을 닮아가기 위해 노력하면, 실제로 그와 비슷해질 수 있기 때문이다.

어느 실험에서 아이들로 하여금 나인핀스(초창기 볼링게임)를 하는 어른을 지켜보게 했다. 어떤 아이들에는 10점에서 30점으로 넘어가면서 상으로 사탕을 받는 어른들의 모습을 지켜보게 하고, 어떤 아이들에게는 20점에서 30점으로 넘어갈 때 상으로 사탕을 받는 어른들의 모습을 지켜보게 했다.

이후에 이 아이들에게 나인핀스를 직접 할 기회를 주었더니, 아이들은 자신이 관찰한 어른의 보상 체계를 자신에게도 그대로 적용했다. 이처럼 모방은 행동규범을 조정하는 큰 힘이 있다.

하지만 진정한 라이벌 효과를 누리려면 비교하고 모방하면서 더 나은 것을 창조하고 만들어가야 한다. 피카소가 그랬던 것처럼 말이다. 미국 심리학자 앨버트 반두라Albert Bandura의 관찰학습이론을 토대로 본다면, 역사에 남는 인물들은 다음의 네 단계를 보통 거친다. 두 번째 단계까지는 모방이지만, 세 번째부터는 창조 단계다.

첫째, 본보기에 충분한 주의를 기울인다.

둘째, 정보 입력 단계로 관찰한 행동을 인지적으로 표상한다.

셋째, 관찰한 행동의 재현 단계로 개인의 자질과 스스로 평가하는 능력에 맞게 조건화된다.

넷째, 동기부여 과정의 개입으로 자신의 판단에 따라 응용 및 창조한다.

이 단계를 피카소를 예로 들어 설명해보자. 첫째, 피카소는 마티스의 화풍을 곁에서 주의 깊게 관찰했다. 둘째, 마티스의 화풍을 따라해보았다. 셋째, 마티스의 화풍 중 자신이 따라하고 싶은 것과 그렇지 않은 것을 구분한 뒤 자기에게 맞는 것만 취했다. 넷째, 마티스를 모방하면서도 자신만의 것을 더해 새로운 피카소 풍을 탄생시켰다.

비교 대상의
수준을 높여라

라이벌 효과를 제대로 누리려면 무엇보다 비교 대상을 잘 선정해야 한다. 크게 비상하고 싶다면, 자기보다 훨씬 수준이 높은 사람을 라이벌이나 롤 모델로 정하는 게 좋다.

'저 아이보다 잘 쓰기만 하면 되지 뭐!' 라는 자만심으로 서예 연습을 게을리한 아들을 둔 부모가 있었다. 부모는 늘 고만고만한 또래 아이들과 자신을 비교하면서 딱 그 정도만 연습하는 아들이 걱정스러웠다. 그래서 아들로 하여금 날마다 아버지의 필체를 본떠 가로획, 세로획, 왼쪽 삐침, 오른쪽 삐침을 2년 동안 익히게 하였다.

드디어 2년 후, 아들이 아버지에게 자신의 서체를 보여주자, 아버지는 그저 웃기만 할 뿐 아무 대답도 하지 않았다. 그때 옆에서 지켜보던 어머니가 한마디 무심하게 던졌다. "쇠꼬챙이로 그은 것 같구나."

어머니의 말에 충격을 받은 아들은 그때부터 더 맹렬하게 연습에 정진했다. 그렇게 다섯 해를 보내고 나서야 비로소 글자에 힘이 생기기 시작했다. 오랜만에 아버지에게 아들은 자신의 글씨를 보였다. 아버지는 역시 가타부타 말이 없이 그저 머리를 가로저으며 한숨을 지었다. 그러곤 아들에게 말했다. "큰 대大자의 위는 너무 좁고 밑은 지나치게 넓구나." 아버지는 붓을 들어 대大자에 점을 찍어 클 태太자를 만들었다.

아들은 그 글자를 어머니에게 보였다. 어머니는 사흘 동안 아들이 쓴 글씨를 한 장 한 장 꼼꼼하게 다 보고 나서 한숨을 지으며 말했다. "근 5년 동안 공부하더니 겨우 점 하나가 아버지의 글씨를 닮았을 뿐이구나."

아들은 깜짝 놀라지 않을 수 없었다. 어머니가 지적한 그 점은 바로 아버지가 찍어 놓은 것이기 때문이다. 아들은 부끄러워 아무 말도 하지 못했다. 그렇게 오래 연습했건만, 아버지의 발끝도 따라가지 못했던 것이다.

결국 아들은 자신의 실력이 얼마나 미천한지 그제서야 깨달을 수 있었다. 그러곤 또래들과 비교하면서 우쭐해하던 습관을 버리고 겸손한 자세로 더 열심히 글쓰기에 매진했다. 언젠가는 아버지처럼 되리란 굳은 결심과 함께.

뜰에 가지런히 놓아둔 항아리 열여덟 개의 물을 모두 벼룻물로 썼을 정도로 치열하게 노력한 결과 그는 진나라에서 호탕하고 힘 있는 필체로 이름을 떨치는 서예가가 되었다. 바로 명필 왕희지의 일곱째 아들 왕헌지의 이야기다. 왕헌지의 어머니는 아들이 자만심에 빠졌을 때 산처럼 큰 존재인 아버지와 스스로를 비교하도록 함으로써 겸손함을 키우고 더 크게 성장하게 했다.

"다른 사람이 가진 것을 부러워만 하지 않고, 닮고 싶은 점을 모방하면서 자신만의 결을 창조한다면 어느새 쑥 커버린 자신을 발견하게 될 겁니다. 이 세상에 똑같은 사람이 단 한 명도 없듯이 이 세상에 똑같은 행복도 없기 때문입니다. 행복은 기성복이 아니라 새롭게 만들어 입은 맞춤복 같은 것입니다. 현명한 사람들은 행복 역시 자신의 노력 여하에 따라 시루의 콩나물처럼 쑥쑥 커갈 수 있다는 걸 알고 있습니다."

이는 평소 내가 존경하는 한 CEO가 한 말이다. 맞는 말이다. 잘나가는 누군가와 늘 자신을 비교하며 스트레스를 받는 게 아니라, 그를 통해 내 가치와 행복을 한 뼘 더 키우는 것이 라이벌의 진정한 존재 이유다.

행복을
남이 결정하게 하지 마라

섭씨 35도가 넘는 폭염 속에서 세계 최고 권위의 사이클 대회가 진행되고 있었다. 그 안에서 7연패의 대기록을 세운 랜스 암스트롱Lance Armstrong과 영원한 2인자로 불리며 준우승만 연거푸 세 번을 한 얀 울리히Jan Ullrich가 함께 경기를 치르고 있었다. 결승점을 조금 앞둔 지점에서 선두를 지키던 랜스 암스트롱과 그 뒤를 바짝 따라붙은 얀 울리히. 그야말로 박빙의 순간이었다.

그런데 그때 암스트롱이 구경꾼의 가방에 걸려 넘어지고 말았다. 얀 울리히에게는 두 번 다시 찾아오기 힘든 절호의 기회인 셈이다. 하지만 모두의 예상을 뒤로 하고 암스트롱을 기다리며 일부러 속도를 늦추는 울리히. 결국 우승은 암스트롱에게 돌아가고 말았다. 의아해하던 기자들은 너 나 할 것 없이 울리히에게 똑같은 질문을 쏟아냈다.

"왜 그랬나요? 1등의 영광이 바로 눈앞에 있었는데."
"저는 행운이 아닌 진정한 우승을 원했습니다. 그런 식으로 암스트롱을 제치고 우승하는 것은 제가 바라는 바가 아니니까요."

그 말을 듣고서야 모든 사람들은 울리히야말로 진정한 영웅임을 인정하지 않을 수 없었다. 울리히는 눈에 보이는 비교 같은 건 관심이 없었다. 그가 원하는 건, 스스로 인정할 수 있는 진짜 승리였으니까 말이다.

죄송한
은메달 선수

"은메달에 그치고 말았네요, 안타깝습니다." 몇 년 전 TV로 올림픽 중계를 보고 있는데, 시상식에서 은메달을 목에 거는 한 선수에게 중계 아나운서가 이렇게 말했다. 선수 역시 뭔가 죄를 지은 듯 고개를 숙이며 "죄송합니다"라고 말했다. 반면 동메달을 목에 건 선수는 "행복합니다" 하며 환하게 웃으며 승리의 순간을 만끽하고 있었다.

분명 순위로 보면 은메달이 더 위이건만 왜 은메달 선수는 죄송해하고, 동메달 선수는 행복해할까. 행복의 기준을 자기만족에 두느냐 아니면 다른 사람들의 기대치에 두느냐의 차이다.

노스웨스턴대학의 한 연구소에서 시상대에 오른 은메달 선수와 동메달 선수의 표정을 분석해 행복점수를 분석했다고 한다. 그 결과 동메달 선수는 10점 만점에 7.1점, 은메달 선수는 고작 4.8점이었다. 누구의 시선을 의식하느냐에 따라 행복도 불행도 결정된다는 연구결과가 아닐 수 없다.

남들의 기대치에 자신의 행복을 담보해두면 결과가 만족스럽지 못할 때 지금까지 노력한 자신은 없고, 결과에 실망하는 관중만 있을 뿐이다. 만일 울리히 선수가 남들의 비교심리에 휘둘리는 사람이었다면 분명 '이때다!' 하며 승리의 기회를 포착했을 것이다. 하지만 그는 남들의 비교보다는 자기 행복과 만족을 더 우선시한 사람이었다. 마찬가지로 은메달을 딴 선수 역시, 금메달을 원한 국민의 기대치에 못 미쳤다고 생각해 죄송한 마음이 컸던 것이다. 물론 스스로도 '조금만 더 잘했더라면 금메달을 딸 수도 있었을 텐데' 하는 아쉬움이 들었을 수 있다. 하지만 그렇다고 해서 은메달을 딴 자신을 칭찬하지 못할 이유는 없다. 동메달 선수 역시 유망주가 아니었는

자신에 대한 평판에만 지나치게 신경 써서
남들이 하는 이야기에 귀를 쫑긋 세우는 것은 좋지 않다.
왜냐하면 인간이란
항상 옳은 평가를 받는 것은 아니기 때문이다.

니체

데 동메달이나 따게 되어 기쁨을 주체하지 못했을 수 있다. 그럼에도 그는 분명 열심히 한 자신에 대해 충분히 만족해할 줄 아는 행복한 선수였다.

승리를 판단하는 기준이 자신의 행복인 사람은, 결과의 책임을 지는 것도 자신이고 보람을 느끼는 대상도 자기 자신이라는 사실을 잘 알고 있다.

하나뿐인 잣대에서
자유로워지자

우리가 진짜 처절하게 비교해야 할 대상은 타인이 아니라 어제의 자신이다. 라이벌의 존재가 나의 성장에 중요한 역할을 하는 건 맞지만, 결국 최후의 경쟁상대는 자기 자신이 돼야 한다.

나 역시 비교심리에 빠져 우울해질 때마다 떠올리며 스스로를 다독이는 시가 있다. 박노해 시인 역시, 나와 비교해야 할 대상은 남이 아니라 어제의 나일 뿐이라고 말하고 있다.

나의 행복은 비교를 모르는 것
나의 불행은 남과 비교하는 것

남보다 앞섰다고 미소 지을 때

불행은 등 뒤에서 검은 미소를 지으니

이 아득한 우주에 하나뿐인 나는

오직 하나의 비교만이 있을 뿐

어제의 나보다 좋아지고 있는가

어제의 나보다 더 지혜로워지고

어제보다 더 깊어지고 성숙하고 있는가

나의 행복은 하나뿐인 잣대에서 자유로와지는 것

나의 불행은 세상의 칭찬과 비난에 울고 웃는 것

− 〈행복은 비교를 모른다〉, 박노해

가장 멀리 나는 북극제비갈매기의 지혜

북극제비갈매기의 날개 길이는 75~85cm, 체중은 100g 안팎이다. 하지만 이 작은 바다 철새는 1년 동안 무려 지구 한 바퀴 반을 날갯짓하며 세계에서 가장 멀리 이동한다. 그 비결이 뭘까? 바로 다른 새들과 비교하지 않는 것이다. 다른 새들보다 빨리 날고 싶어 하는 경쟁심을 버리고 때로는 날갯짓을 멈추고 바람에 몸을 맡긴다. 그래야 북극에서 남극까지 먼 여정을 무사히 마칠 수 있기 때문이다. 남들보다 더 빨리, 더 높이 날 거라고 욕심을 부리다간 체력이 떨어져 중도 탈락하고 말 것이다. 이들이 가장 빠른 지름길인 직선코스를 포기하고 돌고 돌아가는 S자 코스를 선택한 것도 속도보다는 완주를 목표에 두었기 때문이다. S자 코스는 바람의 도움을 받을 수 있기 때문에 체력소모가 적다. 작은 체구와 약한 체력의 한계를 정확히 알고 있기에, 빨리 가기보다는 목적지까지 안전하게 갈 수 있는 길을 택한 것이다.

결국 인생은 속도경쟁이 아니라 방향이라는 걸 북극제비갈매기가 말해주고 있는 것 같다. 내 인생의 방향이 뚜렷하면 조금 더디더라도 묵묵히 한 곳만 보고 달릴 수 있다. 남들의 속도에 신경 쓰는 건 에너지 낭비일 뿐이다. 어제의 나보다 오늘 더 달렸다면, 어제의 나보다 오늘 조금 더 나아졌다면, 나는 어제의 나와의 경쟁에서 이긴 것이다. 마지막에 웃는 사람이 진짜 승리자라고 하질 않던가.

아인슈타인이 한 말처럼 모든 사람은 천재일지 모른다. 하지만 물고기들을 나무타기 실력으로 평가한다면, 고기는 평생 자신이 형편없다고 믿으며 살아갈지도 모른다. 이처럼 잘못된 비교는 천재를 바보로 만든다.

현재를 즐기면서 미래를 계획하고
과거에 집착하지 않으면 행복해질 수 있다.

마틴 셀리그만

'비교' 스스로 진단하기

거울 속 자신을 10초 동안 바라본 후, 다음의 각 항목을 읽고 자신의
모습이나 심정에 해당되는 것에 ✓ 표시를 해봅시다.

＊각 항목당 1점씩 총 20점 만점

1 잘나가는 친구를 만나면 열등감이 생긴다. ☐

2 상대방의 상황에 따라 기분이 들쑥날쑥 바뀐다. ☐

3 친구의 기쁜 일을 진심으로 축하해주기가 힘들다. ☐

4 내 목표 점수를 이루었더라도, 다른 사람보다 점수가 낮으면
　 기분이 나쁘다. ☐

5 내가 올린 SNS의 '좋아요' 수가 친구보다 낮으면 속상하다. ☐

6 단체 사진을 찍을 때 나보다 잘난 친구 옆에는 절대 안 선다. ☐

7 꼭 이기고 싶은 라이벌이 있다. ☐

8 나보다 학벌이 좋은 사람 옆에 있으면 주눅이 든다. ☐

9 나보다 외모가 출중한 사람과 함께 있는 것을 꺼린다. ☐

10 이성을 사귈 때 내 친구들의 이성과 비교를 많이 하는 편이다. ☐

11 내가 금메달을 아쉽게 못 딴 은메달리스트가 된다면 별로
　 기쁘지 않을 것 같다. ☐

12 '저 친구보다 잘하면 돼!'라고 생각하는 대상이 있다. ☐

13 남보다 앞설 때 행복하다고 느낀다. ☐

14 남보다 뒤처질 때 불행하다고 느낀다. ☐

15 친구가 신상품을 구입하면 질투가 난다. ☐

16 미용실에서 내 얼굴형에 어울리기보다는 뒤처지지 않기 위해 유행하는 헤어스타일을 하는 편이다. ☐

17 조직에서 1등하는 것이 성공한 인생이라고 생각한다. ☐

18 용의 꼬리보다는 뱀의 머리가 되는 것이 현명하다고 생각한다. ☐

19 울적해하는 친구를 만나면 오히려 마음에 위안이 된다. ☐

20 남보다 뒤처지는 것을 참기가 어렵다. ☐

▶ 16~20점 : 심각한 비교에서 하루빨리 빠져나오세요!

비교의식이 심각한 상황입니다. 남과의 비교에서 우위를 점하는 것이 인생의 성공이라고 생각한다면 어리석은 일입니다. 비교해야 할 대상은 타인이 아니라 어제의 자신입니다. 남의 속도에 신경 쓰는 건 에너지 낭비일 뿐입니다. 남과의 경쟁에서 이겼다한들 그것이 진정한 행복일까요? 어제의 나보다 오늘 더 열심히 달렸다면, 어제의 나보다 오늘 더 나아졌다면, 나는 어제의 나와의 경쟁에서 이긴 겁니다.

▶ 8~15점 : 이 정도의 비교의식은 누구나 갖고 있어요!

보통 수준의 비교의식을 가지고 있습니다. 평소 남과 자신을 비교하고 남보다 나은 자신을 발견할 때 행복을 느낍니다. 남과 비교하는 자신의 태도를 바꾸고 싶은 의지만 있다면 변화할 수 있습니다. 비교란 말은 관계를 해치는 일등 주범이라는 사실을 기억하세요. 다른 사람이 가진 것을 부러워하지 말고, 닮고 싶은 점을 모방하면서 자신만의 결을 만들어가세요. 행복은 맞춤옷과 같습니다. 이 세상에 똑같은 사람은 한 명도 없듯이 똑같은 행복도 없습니다. 내 삶의 주인공으로서 자신의 진정한 비교 대상은 바로 자기 자신이 되어야 합니다.

▶ 7점 이하 : 비교의식과는 거리가 멀군요!

비교의식과는 거리가 있습니다. 남과 비교하는 것에 큰 의미를 두지 않는 매우 주체적인 삶을 사는 주인공입니다. 하지만 비교심리의 긍정적인 측면도 있다는 사실을 기억하세요. 내 열정을 키워주는 비교는 필요합니다. 성장을 위해 존재하는 선의의 라이벌을 만들어 삶에 긴장감을 불어넣는 것도 좋습니다.

코플렉스

CHAPTER 5

완벽한
사람은 없다

콤플렉스 없는 사람은
없다

"불공평한 이 세상 너무도 다른 운명, 신이여 이 불행은 나의 잘못인가요. 신은 어디 있나요. 높은 교회인가요. 간절히 기도하는 사람들 곁인가요. 가난한 목자들의 초라한 경배보다, 동방박사의 황금 주님도 사랑하나요."

노트르담 사원의 종지기 꼽추인 콰지모도와 집시 소녀 에스메랄다의 비극적인 사랑을 그린 빅토르 위고victor hugo의 《노트르담 드 파리》에 나오는 대사다. 주인공 콰지모도는 에스메랄다를 사랑하면서도 꼽추라는 열등감 때문에 사랑하는 그녀에게 가까이 다가가지 못한다. 그녀가 억울하게 처형당한 뒤에야 그녀 대신 복수를 하고 그녀의 품에서 죽는다.

콰지모도의 신체적 열등감은 우리 마음에 더욱 큰 공명을 일으킨다. 콤플렉스에서 자유로운 사람은 아무도 없다.

콤플렉스의 다른 이름, 열등감

콤플렉스의 종류는 외모나 건강 같은 선천적인 것들로부터 학벌, 인간관계와 같은 후천적인 것들에 이르기까지 그 스펙트럼이 매우 다양하다. 이 말은 다른 사람들은 전혀 생각지 못한 콤플렉스로 고민하는 이들이 많단 뜻이다.

모르는 사람과 전화 통화하는 게 식은 땀을 흘릴 정도로 두렵다는 학생이 있었다. 수업 시간에 참여도 잘 하고 발표도 자신 있게 하는 학생이어서 그런 고민이 있을 거라곤 상상도 못했다. 얼굴을 보면서 대화할 때는 괜찮은데 전화기로 말하려고 하면 그런 증상이 일어나 무척 힘들다고 했다. 대인관계에 관한 콤플렉스다.

외적으로나 내적으로나 자기 평가에 유난히 민감한 사람도 있다. 한 번 부정적인 평가를 들으면 강박증 환자처럼 그 생각을 떨쳐버리지 못하고 괴로워한다. 그래서 이런 사람들은 남에게 부탁도 잘 못한다. 거절당할 가능성이 아예 없지는 않으니 혹여 맞닥뜨릴 수 있는 그 거절의 장면이 두려워서다. 반대로 상대의 부탁에 거절도 잘 못한다. 심리적인 콤플렉스다. 또 누군가와 친해지기까지 시간이 너무 오래 걸려 고민인 사람들도 있다. 사실 나도 그런 편인데, 가만히 보면 이런 사람들은 사람에게 받은 상처가 있고, 그 상처를 아직 극복하지 못했을 확률이 높다. 결국 다시 상처받고 싶지 않아 스스로 방어기제를 작동시키는 것이다. 지레 겁먹고 거리를 두는 것이다. 이 역시 극복해야 할 콤플렉스다.

어머니 콤플렉스도 있다. 어머니에 대한 강한 콤플렉스에 지배된 사람은 어머니가 말하고 느끼는 것에 대해 언제나 민감하게 반응한다. 마음의 중심에 늘 어머니가 자리 잡고 있어 때와 장소를 가리지 않고 어머니에 관한 이야기를 화제로 삼는 경향이 있다. 어머니의 그늘을 벗어나는 걸 두려워한다. 이외에도 형제간에 적대적 감정을 갖는 카인 콤플렉스, 독립심이 강해 여자임에도 남성적인 성향이 짙은 직업을 선택하고 독신으로 사는 디아나 콤플렉스 등 헤아릴 수 없을 정도로 콤플렉스는 다양하다.

하지만 가장 흔한 콤플렉스는 '열등감'이다. 내가 다른 사람보다 못났다고 생각하는 데서 비롯된 열등의식은 결국 타인과의 비교를 통해 생긴다. 외모에 관한 것, 정신적인 것 모두가 그렇다.

열등감은 '나'에게
엄격하기 때문에 생긴다

완벽한 미모와 끼로 대중들의 사랑을 한 몸에 받는 톱스타들을 보면, 적어도 외모 콤플렉스만큼은 없을 것 같다. 하지만 한 하이틴 스타는 모두가 부러워하는 백옥 같은 피부가 콤플렉스라고 말했다. 처음엔 '저게 무슨 소리야?' 라고 생각했지만, 듣고 보니 그럴 법했다. 남자인데 너무 피부가 흰 탓에 남성성이 드러나는 배역이 들어오지 않는다는 것이다. 그는 구릿빛 피부를 갖기만 한다면 정말 행복할 것 같단다.

또 날씬한 허리와 예쁜 얼굴로 전혀 남부러울 게 없을 것 같은 여가수 역시, 짧은 다리 때문에 데뷔 초부터 콤플렉스에 시달렸노라고 고백했다. 남들이 짧은 다리를 눈치챌까봐 늘 하이힐을 신고 다녔다는 그녀. 혹시라도 자신에 관한 기사에 '실제로 보니 다리가 진짜 짧더라. 생각보다 아주 많이!' 란 내용의 댓글이 있을까봐 가슴을 조이며 많은 댓글을 일일이 확인하곤 했다고 한다.

이름만 대면 누구나 알 수 있는 미남 배우도 밋밋한 가슴 때문에 열심히 웨이트트레이닝을 하고 있는 중이라고 했다. 영화나 텔레비전에서 상반신을 노출할 때가 있는데, 가슴 부위의 근육이 너무 약해 드러내기 창피했다는 것이다.

자기 분야에서 승승장구하는 전문가들도 콤플렉스에 시달

린다. 《보랏빛 소가 온다》, 《이카루스 이야기》 등의 저서를 집필한 마케팅 전문가이자 베스트셀러 작가인 세스 고딘Seth Godin은 글쓰기가 콤플렉스라고 했다. "내 책에 대한 서른 개의 평가 중 한 개의 악평이라도 읽은 날은, 하루 종일 그 악평이 머릿속을 헤집고 다녀 글쓰기를 더 이상 할 수 없을 만큼 힘들었다. 글쓰기는 영원한 나의 콤플렉스이기 때문에 어쩔 수가 없다."

베스트셀러 작가가 글쓰기 콤플렉스에 시달린다니, 이건 쭉쭉 빵빵 미녀배우들이 외모 콤플렉스가 있다는 말과 똑같이 이해가 잘 안 된다. 하지만 콤플렉스, 열등감은 남들과의 비교에서 생기는 것이므로 남들의 생각과 상관없이 지극히 주관적일 때가 많다. 얼굴도 예쁘고 허리도 가는데 두 다리까지 긴 다른 미녀들과 비교하면, 얼굴과 허리는 자랑스럽지만 다리가 짧은 게 견디기 힘든 콤플렉스가 된다. 마케팅 분야의 베스트셀러 작가라도 같은 분야의 다른 작가는 30개 모두 호평을 받았는데, 자기는 29개만 호평이고 다른 하나는 지독한 악평이라면 불면증에 시달릴 만큼 괴로울 수 있다. 남들은 '설마 그 사람이 그런 콤플렉스를?'이라며 의아할 수 있지만, 정작 본인은 콤플렉스에 시달린다. 콤플렉스는 누구에게도 자비롭지 않다.

인생의 동력으로
끌어올려라

그런데 콤플렉스를 성공의 발판으로 이용하는 사람도 많다. 콤플렉스에 무너지지 않고, 콤플렉스를 보완할 다른 장점을 더 키우는 것이다.

런던 카스 비즈니스스쿨의 줄리 로건Julie Logan에 의하면, 성공한 기업인들의 삼분의 일이 난독증으로 고통을 겪고 있다고 한다. 그런데 놀라운 것은 그들 중 상당수가 비즈니스를 성공시킨 비결을 주의력결핍장애ADHD로 꼽았다는 것이다. 그들은 장애 덕분에 집중력이나 상황 대처력 같은 다른 능력을 키울 수 있었다고 말한다. 콤플렉스를 인정하고, 그 콤플렉스를 극복하기 위해 다른 사람들보다 더 노력한 것이다.

키 작은 인기남
나폴레옹

프랑스의 나폴레옹은 땅꼬마라 불릴 정도로 키가 작은 단신의 대명사다. 키가 작은 사람들이 키에 대한 열등감 때문에 다른 사람들을 지배하려고 공격적으로 행동한다는 데서 '나폴레옹 콤플렉스'라는 말도 생겼다. 하지만 정작 나폴레옹은 폭군이 아니었다고 한다. 당시 그가 이끈 부대의 부하들 평균 신장은 180cm였다. 작은 키에 대한 콤플렉스 때문에 그들에게 위압적으로 굴 법도 한데, 전혀 그렇지 않았다. 오히려 전장에서 병사들과 똑같이 차디찬 음식을 나눠먹을 만큼 인간적인 리더였다. 부하들이 작은 나폴레옹을 마치 교주처럼 따른 건 그가 험악하고 무서워서가 아니라 존경스러워서였다.

그는 키뿐 아니라 체격도 상당히 왜소했던 걸로 전해진다. 그럼에도 불구하고 무려 25kg에 이르는 무게의 배낭을 메고 하루 26km를 행군했다고 한다. '내 사전에 불가능이란 없다'란 명언은 괜히 나온 게 아니다. 불가능을 가능으로 만들면서 15년 만에 유럽의 역사를 바꿔놓았으니 말이다.

이쯤 되면 나폴레옹의 키 따위는 더 이상 콤플렉스가 아니다. 그는 신체 콤플렉스를 딛고 당당히 일어선 영웅이다. 멘토·멘티 모임에서 강의를 듣는 남학생 중에 키가 작은 친구

열등감을 느끼는 것은
자신이 그것에 동의했기 때문이다.

엘리너 루스벨트

가 있었다. 그는 키는 작았지만 유머감각이 보통이 아니었다. 그래서인지 여학생들에게 인기가 많았다. 작은 키를 유머로 극복한 결과 키 큰 남학생들을 제치고 뭇 여성들의 인기를 독차지한 것이다.

세계적 여배우의
불행한 과거

안젤리나 졸리는 세계의 남성들이 뽑은 가장 섹시한 배우이자 여성들이 가장 닮고 싶어 하는 여배우다. 완벽한 바디라인과 얼굴로 매사에 당당한 그녀는 전사, 새침한 아나운서, 정신병동의 환자 등 어떤 역할을 맡아도 훌륭하게 소화해내는 연기파 배우다. 어디 그뿐인가. 세계 난민을 돕는 훌륭한 자선사업가의 면모와 입양아를 키우는 훌륭한 엄마의 모습까지, 그녀를 보고 있으면 완벽한 아름다움이란 게 어떤 건지 느낄 수 있다.

하지만 그런 그녀도 어린시절엔 심각한 콤플렉스덩어리였다. 성장기에 그녀는 마약을 상시로 복용하는 골칫덩이였고 극심한 외모 콤플렉스까지 가지고 있었다. 실제로 소녀 시절 그녀의 사진을 보면, 치아 교정기를 끼고 안경을 쓴 데다 너무 말라 배우감이라고는 상상하기 힘들다. 특히 깡마른 몸매 때문에 친구들에게 심한 놀림을 받는 통에, 열 네 살의 나이부터 자해를 일삼았을 만큼 불행한 사춘기를 보내야 했다.

그랬던 그녀가 자신감을 되찾은 건 영화 〈툼 레이더〉에서 여전사 역할을 소화하기 위해 다부진 몸을 만들면서부터다. 그녀는 매일 아침 7시에 일어나 요가를 했으며, 단백질 셰이크를 마시고 발레와 다이빙 연습을 했다. 또 특수부대와 함께 무기 사용법을 배웠으며 축구와 킥복싱도 했다. 그 결과 지금의 탄력적인 몸매를 갖게 된 것이다.

"몸을 건강하게 가꾸면서 내 삶을 통제할 수 있는 힘이 생기기 시작했어요. 신체훈련을 통해 전에는 '불가능해. 할 수 없어' 라고 생각했던 것들이 가능해지기 시작했죠." 깡마른 몸에 대한 콤플렉스를 그녀는 혹독한 훈련을 통해 멋지게 극복해냈다. 그러면서 가장 멋진 이 시대의 워너비 배우로 성장할 수 있었다.

비극도 불사한 꿈에 대한 열정

스콧 피츠제럴드F. Scott Fitzgerald의 소설 《위대한 개츠비》는 극심한 콤플렉스를 딛고 사랑을 얻기 위해 평생을 노력한 남자의 이야기다. 개츠비는 콤플렉스로 똘똘 뭉친 불행한 사람이다. 하지만, 그럼에도 불구하고 개츠비가 오늘날까지 여성 독자들에게 위대하게 다가오는 이유는 불가능한 꿈을 가능하게 만들기 위해 바친 그의 집념 때문이다. 콤플렉스로 가득한 자신과는 근본부터 다를 것 같은 데이지와의 못다한 사랑을 이루기 위해 그는 가히 상상을 초월할 만큼 노력했다. 오직 자신의 순수한 꿈 하나만을 위해 달려가는 그의 모습은 흡사 불나방 같았다. 그리고 그는 제목처럼 위대한 남자가 되었다. 물론 소설의 결말은 비극이었지만 그래도 그는 많은 여성 독자들에게 멋지고 위대한 남자임에 틀림없다.

셰익스피어와 더불어 영국을 대표하는 작가인 찰스 디킨스 Charles Dickens 역시 처음엔 가난한 작가지망생이었다. 그런 그가 세계인에게 사랑받는 작가의 반열에 올라선 이유 역시 꿈을 향한 집념 덕분이다.

그는 작가가 되고 싶었지만, 빚더미에 올라앉은 아버지 때문에 가족 전부가 감옥 생활을 해야 했다. 출옥 후에도 학교에 다니는 대신 막일을 할 수밖에 없었던 찰스. 쥐가 득실대는 창고에서 잉크병에 상표를 붙이고, 밤에는 음침한 다락방에서 런던 빈민가를 떠돌아다는 거지들과 함께 잠을 잤다. 그런 악조건 속에서도 그는 결코 꿈을 포기하지 않았다. 그의 손에 항상 펜이 들려있었던 이유다. 가난했고, 학교도 제대로 다니지 못했다는 점, 그럼에도 불구하고 불타는 집념을 가졌다는 점에서 찰스 디킨즈는 개츠비를 닮았다. 꿈을 향한 열정으로 콤플렉스를 딛고 일어선 두 남자, 참 멋있지 않은가.

나팔꽃을 피우는 건
밤의 어둠이다

감히 대한민국 최고라 칭하고 싶은 명품 합창단이 있다. 평균 연령 64세의 따뜻한 열정을 가진 보통사람들의 모임, 2011년 KBS2 〈남자의 자격〉에서 감동의 물결을 선사했던 청춘합창단이 바로 그 주인공이다. 얼마 전에는 KBS2 〈불후의 명곡〉을 통해 그룹 〈부활〉과 함께 '하얀손수건'을 부르며 환상적인 콜라보레이션으로 관중은 물론 시청자들의 감성을 자극하기도 했다.

청춘합창단은 어렵고 소외된 이웃을 위해 어디든 달려간다는 순수한 의도와 열정으로 뭉친 집단이다. 그리고 이 순수한 뜻을 영원히 함께 하기로 약속한 음악인이 있다. 〈남자의 자격〉 당시 청춘합창단의 지휘자를 맡은 〈부활〉의 김태원이다. 대한민국 최고의 록그룹 〈부활〉을 이끈 음악인으로서뿐 아니라 각종 강연을 통해 대학생들이 멘토로 삼고 싶은 사람 1위로 뽑힐 만큼 많은 사람들에게 영향력을 끼치고 있는 명사 김태원.

그는 어떻게 음악인에서 국민 멘토가 되었을까? 역설적이 게도 그의 숱한 콤플렉스 때문이다. '3등은 괜찮다, 3류는 안 된다', '(우울증을 앓았다는 이에게) 슬픈 영화를 보면서 슬픔 의 눈물을 흘리는 것이 아니라 승리하거나 또는 비상하거나 할 때 나오는 희열의 눈물을 흘리는 습관을 들이세요' 와 같 은 김태원의 한마디 한마디가 가슴에 와닿는 이유는 그가 단 순히 멋진 말을 내뱉는 게 아니라 자신의 젊은 시절 넘어지고 멍들던 경험을 통해 얻은 피가 되고 살이 되는 말들을 건네기 때문이다.

그는 몇 해 전 발간한 저서에서 자신의 어린 시절을 고백 했다.

"늘 지적당했고, 내가 하는 건 거의 다 틀렸고, 나라는 존재 자 체가 콤플렉스였다."

실제로 그는 약물복용에 우울증, 폐쇄 공포증, 대인기피증 의 시련을 겪었다. 〈부활〉이 전성기를 거친 직후엔 "나 자신 을 싫어했고 증오했다"라고까지 말했다. 하지만 그는 그럴 때 마다 무너지지 않고 늘 다시 일어섰다.

청춘합창단의 단장인 아코르 앰배서더 코리아 매니지먼트 의 CEO 권대욱 대표는 김태원을 가리켜 이렇게 말했다. "나이 들수록 멋져진다는 것이 어떤 건지 온몸으로 보여주는 사람입니다. 콤플렉스가 많았지만 이미 다 극복했기에 오히려 모든 것에 초연한 듯 보일 정도예요. 음악뿐 아니라 인간적으로도 매우 성숙한 사람이죠."

콤플렉스에 무너지지 않고 도리어 시련을 자양분 삼아 더 성숙해지는 것. 바로 김태원이 멋있는 이유다.

자벌레가 앞으로 전진하려면 몸을 뒤로 젖혀야 하듯, 성장을 위해서는 콤플렉스라는 용수철을 밟아야 반동의 힘을 얻을 수 있다. 사람들은 나팔꽃은 이른 아침 먼동이 틀 때 햇살을 받고 피우는 거라고 생각했다. 그래서 한밤중에 아침 햇살과 똑같은 인공등을 비추어줬지만 꽃은 피지 않았다. 그제야 사람들은 깨달았다. 나팔꽃을 피우는 건 밝음이 아니라 어둠이라는 것을. 우리의 인생 역시 꽃처럼 피어나려면 콤플렉스라는 어둠이 필요하다. 결국 콤플렉스는 밀어내야 하는 적이 아니라 끌어안아야 할 친구다.

행복의 한쪽 문이 닫히면 다른 한쪽 문이 열린다.
하지만 종종 우리는 닫힌 문을 너무 오래 바라보기 때문에
우리에게 열려 있는 행복의 문은 보지 못한다.

헬렌 켈러

드러내는 게
더 섹시하다

콤플렉스는 미워해야 할 대상이 아니라 이해해야 할 대상이다. 나의 콤플렉스를 껴안고 힘껏 날아오를 때, 비로소 콤플렉스에 휘둘리지 않을 수 있다. 콤플렉스를 감추는 것 역시 무의미하다. 오히려 감추려고 애쓸수록 더 티 나는 게 콤플렉스다. 콤플렉스는 콤플렉스가 더 잘 알아보기 때문이다. 짧은 다리가 콤플렉스인 사람은 상대방의 깔창을 가장 먼저 알아보고, 머리가 많이 빠져 가발을 쓴 사람은 가발 쓴 사람을 귀신같이 알아본다.

외적인 콤플렉스뿐 아니라 심리적인 면 역시 마찬가지다. 우리의 말과 행동을 지배하는 게 콤플렉스이기 때문이다. 나는 꽁꽁 감춘다고 하지만 상대방 눈에는 다 보인다. 특히 같은 콤플렉스를 감추고 있는 상대방 눈에는 더 잘 보인다. 그럴 바엔 차라리 시원하게 드러내는 게 훨씬 매력적이다. 나이가 들수록 콤플렉스를 감추려고 애쓰는 모습 자체가 우스꽝스러운 촌극처럼 비춰질 수 있다.

클레오파트라의 혼을 뺀 남자

로마시대의 최고 정치가 가이우스 율리우스 시저Gaius Julius Caesar는 결코 호남이 아니다. 호남은커녕 젊어서부터 훌렁 벗겨진 대머리에 남들보다 큰 머리통 때문에 콤플렉스가 이만저만이 아니었다고 한다. 그런 그가 바로, 절세미인인 클레오파트라의 혼을 쏙 빼앗은 남자다.

시저는 외모는 볼품없었지만 재치와 유머가 상당했음은 물론 부하들의 충심을 이끌어낼 만큼 리더십도 강했다. 당시 프랑스의 실세들은 그의 명성을 두려워해, 그를 재판에 회부하고 추방하기 위한 계략을 마련하기까지 했다고 한다. 로마 시민들 역시 여자들에게 워낙 인기가 많은 시저가 전쟁을 끝내고 다시 로마로 돌아온다고 하자 우스갯소리로 이렇게 외쳤다. "시민 여러분! 마누라 조심합시다. 대머리 장군께서 로마 여자들을 작살낼지도 모릅니다.”

내 주변에도 대머리 남자에게 매력을 느껴 결혼까지 한 친구가 있다. 첫 만남에서 자신의 외모 콤플렉스를 당당하게 밝히는 남자의 모습에 확 끌렸단다. “전 대머리에 키도 작아 볼품은 없지만 성격 하나는 명품이죠.” 결국 그녀는 그 남자와 결혼을 했고, 틈만 나면 주변에 남편 자랑을 하고 다녔다. “내가 진짜 명품남자를 만났지. 얘들아, 너희들도 남자 외모가 아니라 내면을 봐.”

최악의 미트볼 샌드위치가 대박난 사연

개인뿐 아니라 기업이나 국가단체도 콤플렉스를 안고 있기는 마찬가지다. 하지만 쉬쉬하다가 문제가 터지면 백이면 백 아니라고 있는 힘을 다해 발뺌하기 바쁘다. 그래봤자 이미 떨어진 신뢰는 회복하기 힘들다. 차라리 처음부터 쿨하게 인정하면 그나마 좀 낫다. 오히려 반전을 일으킬 때도 있다.

미국 최대의 지역리뷰 사이트인 옐프www.yelp.com에 어느날, 조도우 샌드위치 가게에 대한 혹평의 글이 올라왔다. “내가 먹어본 미트볼 샌드위치 중 최악이었다.” 이 글을 본 조도우 샌드위치 가게 주인은 뒷골이 당겼을 것이다. 옐프의 반응은 매출과 직결될 만큼 강력한 힘이 있기 때문이다. 하지만 조도 우는 변명도 하지 않았고 꼼수도 부리지 않았다. 오히려 당당하게 가게 앞에 홍보문구를 적어놓았다.

  "어떤 분이 인터넷에 올린 리뷰에서 자신이 먹어본 것 중 최악이
    었다고 한 미트볼을 맛보러 오세요."

그 이후 맛없다던 미트볼 샌드위치가 불티나게 팔리기 시작했다. 대단한 반전이 아닐 수 없다. 콤플렉스라 여겨질 수 있는 부분을 과감하게 드러내는 모습을 보여주는 건 '콤플렉스에 나는 전혀 위축되지 않아' 라고 용기 있게 말하는 것처럼 비춰진다.

지구에서 살아가는 생물치고 콤플렉스 없는 것은 없다. 카멜레온이나 공작새도 자신의 콤플렉스를 감추기 위해 색깔을 변화시키고 몸집을 크게 과장한다. 하물며 사람이야 어떻겠는가. 그런데 콤플렉스가 문제가 되는 건 그것 때문에 마음이 위축되는 탓이다. 감추려고 하지만 더 드러나는 모순된 상황이 생기는 이유도 바로 이 때문이다. 위축되는 마음을 극복할 때, 콤플렉스를 당당하게 드러낼 수 있는 힘이 생긴다.

콤플렉스 앞에서 위축되지 않고 당당한 이들에겐 누구나 매력을 느낀다. '나는 꽁꽁 감추기 바쁜데 저 사람은 당당하게 드러내네? 진짜 자존감이 높은 사람이구나'라며 부러워한다. 그래서 그들은 충분히 '섹시'하다. 대머리지만 미인의 마음을 사로잡을 수 있고, 혹평을 받은 음식점이지만 대박이 나는 비결이 여기에 있다.

눈썹 없는 아내를 위한 남편의 배려

내 콤플렉스는 남에게 드러낼수록 좋지만, 남의 콤플렉스는 모른 척해주는 게 아름답다. 눈에 다 보인다할지라도 그걸 콕 집어 이야기하는 건 남에게 상처를 입히는 일이다. 외모 콤플렉스가 심한 친구에게는 농담으로라도 외모 지적을 하지 않아야 한다. 그랬다가는 영영 좋은 친구를 놓칠 수도 있다. 우리 속담에 남에게 대접받고 싶은 대로 남을 대접하라는 말이 있다. 내 콤플렉스를 배려받고 싶다면, 남의 콤플렉스를 먼저 배려해주어야 한다.

눈썹 숱이 풍성하지 않다는 것을 콤플렉스로 가진 여인이 있었다. 그녀는 남편에게조차 눈썹이 없다는 걸 들키지 않을까 늘 노심초사했다. 사랑하는 남편이 자신의 민낯을 보고 실망할까 겁나, 늘 남편보다 일찍 일어나 눈썹을 그렸고 밤에는 남편이 잠든 후에야 눈썹을 지우고 잘 정도로 불안하게 살았다.

살랑대는 봄바람이 부는 어느 날, 부부는 힘겹게 리어카를 끌며 함께 연탄배달을 하고 있었다. 뒤에서 리어카를 밀던 아내의 이마에는 어느새 땀이 송글송글 맺혔고, 바람에 날아온 연탄재는 그녀의 얼굴에 붙었다. 땀과 연탄재는 그녀의 얼굴을 숯검댕이로 만들어냈다. 아내는 얼굴을 닦고 싶었지만 혹시나 눈썹이 지워질까봐 그럴 수가 없었다. 그때 남편이 뒤돌아 웃으며 이렇게 말했다. "여보, 얼굴이 더러워졌네?" 그러곤 다가와 손수건으로 그녀의 얼굴을 닦아주기 시작했다. '내 눈썹 지워지면 어떡하지?' 아내는 간이 콩알만 해졌다. 그런데 남편이 아내의 눈썹만 조심스럽게 남겨두고 다른 부분만 꼼꼼히 닦아주는 게 아닌가. 그러곤 다정한 손길로 아내의 머리를 쓰다듬고는 다시 리어카를 끌기 시작했다.

남편의 뒷모습을 바라보는 아내의 눈에 어느새 이슬이 살짝 묻어나고 있었다. 아내의 콤플렉스를 모른 척한 남편의 모습에는 깊은 배려가 담겨 있다.

남의 콤플렉스를 들추어내 흠집내려는 사람은 어리석다. 남의 콤플렉스를 공격하고 싶다면, 나의 콤플렉스도 공격당할 각오를 해야 한다. "모자 사기 힘들겠어, 머리가 커서"란 말을 머리 큰 후배에게 했다면, 후폭풍을 맞아도 할 말이 없을 것이다. "선배님은 바지 사시면 밑단 줄이느라 수선비가 더 든다면서요?" 이런 대화가 오가면, 관계는 금세 냉랭해진다. 서로 상처만 남는다. 남의 콤플렉스는 부디 모른 척하자.

콤플렉스를
잠재우는 방법

손톱만 했던 콤플렉스가 걷잡을 수 없이 크게 느껴질 때가 있다. 콤플렉스는 그 자리에 가만히 있는데, 내 마음이 점점 그것을 심각하게 받아들이기 때문이다. 열등감 때문에 심리적으로 위축될수록 내 존재는 점점 작아져만 간다. '나는 왜 이렇게 키가 작은 걸까? 내 얼굴은 왜 이렇게 못생긴 거야? 난 왜 이렇게 인기가 없지? 난 왜 이렇게 맨날 몸이 아픈 거야? 난 왜 이렇게 학벌이 안 좋지? 우리집은 왜 이렇게 가난해?' 심리적인 위축은 타인과의 관계에도 영향을 미친다. 심지어 대인기피증을 일으키기도 한다.

이별 후 시인이 되는 여자,
폐인이 되는 여자

사랑했던 남자에게 차였을 때 어떤 여자는 폐인이 되고, 어떤 여자는 시인이 된다는 말이 있다. 어떻게 하면 이별 후에 시인이 될 수 있을까?

첫 번째, 임의적 추론을 하지 않는다. 뚱뚱한 하체가 콤플렉스고 이에 지나치게 민감한 여자라면, 지나가는 누군가가 자기를 보고 웃기만 해도 이렇게 생각하기 쉽다. '저 사람, 지금 내 뚱뚱한 다리를 보고 웃는 게 틀림없어.' 이 생각이 반복되고 깊어지면 밖에 나가는 것조차 싫어진다. 이별 후에도 똑같다. '그가 내 외모가 별로여서 헤어지자고 한 게 분명해. 역시 나는 매력이 없나봐.' 이렇게 생각하면 폐인이 될 뿐이다. 시인이 되는 여자는 이런 임의적 추론을 하지 않는다. 그저 이별의 아픔을 달랠 뿐, 진실인지 아닌지도 모르는 생각으로 자신을 학대하지 않는다.

두 번째, 과잉 일반화를 하지 않는다. 쉽게 말해 지나친 비약을 하지 않는 것이다. 졸업 후 입사 면접에서 줄줄이 떨어지자, '나는 인생의 낙오자'라고 생각하는 것이 바로 과잉 일반화다. 남자에게 차인 뒤에도 마찬가지다. '나는 형편없는 여자일 뿐이야'란 비약으로 자신의 영혼을 내동댕이쳐버리면 폐인이 될 뿐이다. 하지만 시인이 되는 여자는 이런 생각

자체를 하지 않는다. 한 번 차였다고 해서 자존감이 무너지지는 않는다. 그저 그와의 이별이 아직은 슬플 뿐이다.

세 번째, 당위적 사고를 하지 않는다. 예를 들어 입사 후 보고서 제출을 하면서 사소한 실수를 한 신입사원이 실수한 자신을 용서하지 못하고 '내가 이런 실수를 하다니 있을 수 없는 일이야!'라면서 자책하는 것이 바로 당위적 사고다. 생각이 너무 경직되어 있고 완벽주의적인 집착에 갇혀있는 경우다. '내가 차이다니, 있을 수 없는 일이야'란 생각은 나를 폐인으로 만든다. 인연의 시간이 다 되어서 헤어진 것뿐이라며 이별의 상처를 치유할 시간을 갖는 여자는 시인이 된다.

이 세 가지 비합리적인 생각은 콤플렉스에도 똑같이 적용된다. 콤플렉스를 키우는 사람들은 이 세 가지 생각을 반복하거나 혹은 셋 중 한 가지에 집착해 자신을 학대하고 병들게 한다. 셋 중 그 어느 것도 합리화와는 거리가 멀다는 걸 깨달을 필요가 있다. 마음이 곪아 염증이 생기면 삶에 대한 의욕이 사라진다. 봄이 와도 꽃향기를 맡을 수 없고, 따사로운 햇볕을 느낄 수 없다. 생각이 나를 불행하게 만들 땐 이를 멈추고 마음을 환기시켜야 한다. 행복한 사람들은 콤플렉스가 없는 사람이 아니라, 콤플렉스를 딛고 일어선 사람이란 걸 잊지 말자.

스마일 보톡스로
예뻐지자

대한민국은 성형공화국이란 불명예를 안고 있다. 중국에서 유학을 하고 돌아온 한 학생이 말하길, 중국 친구들이 제일 먼저 물어본 말이 "너는 어디 성형했어?"였단다. 만연한 외모지상주의 때문에 남과 나의 외모를 끊임없이 비교하게 되고 결국 그게 콤플렉스가 된다. 그리고 콤플렉스를 극복하기 위해 성형외과를 찾는다. 사실 나는 기본적으로 성형을 반대하지는 않는다.

그런데 강남거리를 걷는 여자들의 얼굴을 보면 대부분 너무 비슷하게 생겨 놀랄 때가 많다. 미인이긴 한데, 돈을 들여 얼굴을 비슷하게 고친 성형미인들인 것이다. 남들 얼굴과 비교했을 때 거의 비슷하게 바뀌었으니 더 이상 콤플렉스에 시달리지 않아도 되는 걸까? 아니다. 개성을 유지한 얼굴, 밝게 웃는 얼굴이 더 대접받는 시대가 올 거라고 나는 확신한다.

나는 이미지 컨설팅을 하면서 성형 없이 외모 콤플렉스를 극복할 수 있는 방법을 전하고 있다. 내가 제일 강조하는 건 웃음이다. '엄마는 왜 내 얼굴을 이렇게 만들어주셨지? 눈은 작은데 얼굴은 크고 몸매는 볼품없고! 사진 찍히는 게 세상에서 제일 싫다 정말!' 이런 악다구니를 하고 싶을 땐 이렇게 생각해보자. '그래도 나는 웃을 때 참 매력 있어!'

사실 처음에는 이 말이 와닿지 않을 것이다. 학생들도 이 말을 하면 '치' 하고 입을 삐쭉대며 말한다. "웃으면 눈만 더 작아져요."

하나는 알고 둘은 모르는 소리다. 스마일 보톡스의 힘이 얼마나 위대한지 말이다. 강의를 듣는 학생들 중엔 남자들도 많기 때문에, 여자 외모에 관한 남자들의 속마음을 들을 기회가 참 많다. 그들이 공통적으로 하는 말이 있다. "아무리 미인이어도 말 없이 새침하게 앉아있으면 별로에요. 이목구비는 별로 안 뚜렷해도 내가 하는 말을 잘 들어주고 웃어주면 마음이 끌리게 되더라고요." 또 이상형이 어떤가란 질문에 '웃는 게 예쁜 여자' 라고 말하는 이들도 많다.

이유는 굳이 묻지 않아도 짐작할 수 있다. 웃음이란 건 남에게 전염되는 행복 바이러스이기 때문이다. 인위적인 웃음 말고, 진짜 밝고 환하게 웃는 여자는 다른 사람까지 행복하게 만든다. 그런 사람 앞에서는 쉽게 마음이 열린다. 마음이 어둡고 찡그린 여자를 좋아할 사람은 없다. 나는 웃음을 스마일 보톡스라고 부르는데, 줄여서 '스톡스' 라고 하기도 한다. 스톡스는 매일 맞아도 돈도 안 들고 부작용도 없다. 표정미인이 되고 싶다면 매일 맞아보자.

길을 가다 멈추고
돌아보게 되는 사람

성형 없이 외모 콤플렉스를 극복하는 또 하나의 방법은 자기만의 느낌 찾기다. 일명 분위기 미인 되기다.

"오라aura가 있네요." 얼마 전 강남역 근처에서 어떤 중년 여자가 내게 다가와 이렇게 말했다. 그저 상술로 한 말이기에 그냥 흘리고 지나쳤지만, 기분이 나쁘진 않았다. 내가 늘 학생들에게 강조해온 말 때문이기도 하다. 길을 걷다보면 걸음을 멈추고 한 번 더 돌아보고 싶은 사람들이 있다. 그런 사람들이 바로 오라가 있는 사람들이다.

오라는 본래 사람이나 물체에서 발산하는 기운, 후광 또는 영기靈氣 같은 것을 뜻하는 말이었는데, 독일의 철학자 발터 벤야민Walter Benjamin이 처음으로 예술이론에 사용하면서, 예술 작품에서 흉내 낼 수 없는 고고한 '분위기'를 뜻하는 말로 통하기 시작했다. 그러니까 우리말로 하면 분위기 미인이다. 그런데 여기서 중요한 게 있다. 오라는 뚜렷한 이목구비, 쭉쭉 뻗은 팔다리와는 별 관계가 없다는 것이다.

잘난 미남미녀라고 모두 오라가 있는 게 아니다. 예쁘긴 한데, 왠지 금방 울 것 같은 인상이라든가, 이목구비는 큼직큼직한데 왠지 조화미가 없다거나 하면 썩 끌리는 오라라고 할 수 없다.

그럼 끌리는 오라는 어떻게 생길까? 이목구비가 잘생긴 편이 아니어도, 콤플렉스에 치이지 않고 밝은 마음을 가진 사람의 얼굴빛에서 오라가 드러난다. 왜냐하면 안에서 만들어진 밝은 기운이 얼굴을 통해 뿜어져 나오기 때문이다.

누구나 서로 다른
제 빛깔이 있다

오라를 더욱 빛나게 하기 위한 방법이 있다. 나에게 잘 어울리는 색을 찾는 것이다. 내가 생각할 땐 똑같은 얼굴빛인 것 같은데, 어떤 날은 유난히 혈색이 좋아 보이고 생기가 있어 보인다는 말을 듣고, 또 어떤 날엔 '오늘 무슨 일 있어? 얼굴빛이 안 좋아' 등등의 염려 섞인 말을 듣는 경우가 있다. 신변에 특별한 일이 없는데도 불구하고 염려 섞인 말을 자주 듣는다면, 나와는 어울리지 않는 색상의 옷을 입었거나 헤어나 액세서리를 잘못했을 확률이 높다.

옷장에 어떤 색의 옷이 제일 많은지 살펴보자. 내가 좋아하는 색인지, 아니면 나에게 어울리는 색인지 냉정하게 판단할 필요가 있다. 대부분은 나에게 어울리는 색보다 내가 좋아하는 색의 옷으로 옷장을 채우는 경우가 많다. 그만큼 여자들이 자신에게 어울리는 색이 뭔지 잘 모르고 옷을 입고 있다. 하지만 지금이라도 내게 꼭 맞는 색이 뭔지 알아낸다면, 이미지 파워를 크게 올릴 수 있다.

먼저 집에서 손쉽게 할 수 있는 방법은 내 피부 진단하기다. 사람의 피부톤은 크게 웜톤warm tone과 쿨톤cool tone으로 나눌 수 있다. 가장 간단한 구별 방법은 웜톤, 쿨톤을 거울에 직접 대보는 건데, 이때 옐로우 톤의 옷과 핑크 계열의 옷을 활용하면 구분이 정확하다.

거울 앞에서 옐로우 톤의 옷을 얼굴에 가까이 댔을 때 피부가 더 창백해 보이고 붉은 기가 많아 보이는 반면, 핑크 쪽은 피부 톤이 차분해 보이고 생기 있어 보인다면, 쿨톤의 피부다. 반대로 옐로우 쪽이 피부가 안정적으로 차분해 보이고, 핑크 쪽은 피부에 노란기가 많아 보이고 어두워 보이기까지 한다면, 웜톤의 피부다. 이치는 아주 간단하다. 각각 내 얼굴 빛과 다른 성향의 컬러를 댔을 때, 피부 톤의 안정감을 잃는 것이다.

연예인을 예로 들어서 웜톤과 쿨톤을 구분하면, 흰 피부의 이종석은 쿨톤이다. 만일 안경을 쓴다면 실버테 안경이나 검은색 뿔테 안경이 더 잘 어울린다. 반면에 금테 안경을 쓰면 나이가 들어보인다. 쿨톤을 가진 사람들의 특징은 원색보다는 파스텔 톤의 색상이 한결 더 잘 어울린다.

웜톤이 잘 어울리는 대표적인 연예인은 유아인이다. 유아인처럼 피부가 약간 구릿빛이라면 웜톤일 가능성이 높다. 웜톤의 피부는 핑크나 연한 블루보다는 베이지나 카키처럼 노란 빛이 많이 포함된 따뜻한 컬러가 잘 어울린다. 유아인이 안경을 쓴다면 실버보다는 골드 또는 갈색테가 더 잘 어울릴 것이다.

이 두 가지만 기억해도 훨씬 얼굴빛이 살고 생기 있어 보이는 연출이 가능하다. 한마디로 오라가 더 돋보일 수 있다.

마음의 빛이 얼굴빛을 만든다

여자라면 누구나 아름다워지고 싶어 한다. 아름다움은 균형이 이루어지듯, 인상 즉 느낌이 조화로울 때 빛난다. 20세기 초 칼릴 지브란Kahlil Gibran의 산문시집 〈예언자〉에는 '아름다움은 얼굴에 있지 않다. 그것은 마음속의 빛이다'라는 구절이 있는데 나이 들수록 이 말이 참 공감된다. 어릴 때는 참 예뻤는데, 나이 들수록 별로인 얼굴이 있는가 하면 어릴 땐 별로 눈에 안 띄는 외모의 친구였는데 세월이 흐를수록 은은한 매력을 풍기는 친구들이 있기 때문이다. 마흔이 넘으면 자기 얼굴에 책임을 져야 한다는 말은 그래서 나온 것 같다. 가슴 아프게도 결혼생활이 불행하거나 자신의 처지에 만족하지 못하고 불만에 가득 차서 남과의 비교로 끊임없이 뭔가를 더 갈구하는 친구는 아무리 화려하게 꾸며도 얼굴빛이 밝지가 않다. 그런 얼굴을 두고 우리는 끌리는 미인이라고 말하지 않는다. 행복하지 않은 생활이 얼굴에 반영되어 뭔가 불편해보이기 때문이다.

동양에선 얼굴의 모양새를 읽어 관상을 푼다. 신라시대에 유입되었다고 전해지는 관상은, 얼굴의 상으로 사람의 운명과 성격, 수명 등을 알 수 있다고 한다. 하지만 관상은 고정불변한 것이 아니라고 전문가들은 말한다. 관상은 어떻게 바뀔까? 마음이 변하면 바뀌는 게 얼굴이다. 마음속에 좀체 사라지지 않는 콤플렉스가 있다 하더라도 마음의 결을 긍정적으로 만들어 호감 가는 인상을 만든다면 지금보다 더 아름다워질 수 있다.

관상이 좋은 아름다운 사람은 사회에서 대우를 더 받는다는 연구결과도 있다. 미국 미네소타대학의 사회학자 카렌 디온의 연구에 의하면 관상이나 인상이 좋은 아이는 잘못해서 혼이 날 상황에서도 가혹한 처벌을 모면할 때가 많았다. 그 이유는 그 아이의 긍정적인 관상이나 인상이 주변 사람에게 장래가 촉망되는 아이란 생각을 들게 하기 때문이다. 물론 이목구비가 또렷하고 늘씬한 미인이 대우받는 경우도 많을 것이다. 하지만 단순히 예쁘기만 한 미인들의 향기는 오래가지 못한다.

외모에 불만이 생겨 성형을 하고 싶은 마음이 불쑥불쑥 올라온다면 일단 거울을 보고 환하게 웃는 연습을 해보자. 그 다음에 내 얼굴색에 어울리는 컬러의 옷을 입고 머리색도 바꿔보자. 그리고 마지막으로 주변 상황들을 정리해보자. 복잡한 것들을 정리하면서 마음의 결을 다듬으면 얼굴의 결도 정리된다. 편안하고 안정된 마음이 내 얼굴로 고스란히 표현될 것이다. 그래도 자신의 얼굴이 맘에 들지 않는다면, 그때 성형외과를 찾아도 늦지 않다.

'콤플렉스' 스스로 진단하기

거울 속 자신을 10초 동안 바라본 후, 다음의 각 항목을 읽고 자신의
모습이나 심정에 해당되는 것에 ✓표시를 해봅시다.

＊각 항목당 1점씩 총 20점 만점

1   내 자신이 마음에 들지 않는다. ☐

2   가끔 다른 사람으로 살았으면 하고 바란다. ☐

3   내세울 만한 것이 별로 없다. ☐

4   나보다 잘난 사람 옆에 있으면 주눅이 든다. ☐

5   다른 사람으로 새롭게 태어났으면 좋겠다. ☐

6   남들이 나를 쳐다보면 기분이 좋지 않다. ☐

7   사진 찍는 것이 부담스럽다. ☐

8   남들과 가까이서 대화하는 것이 불편하다. ☐

9   화려하게 치장하거나 외모에는 신경 쓰지 않는 편이다. ☐

10 신발을 벗는 장소가 신경 쓰인다. ☐

11 남의 평가에 신경을 많이 쓴다. ☐

12 목소리가 유난히 크거나 작은 편이다. ☐

13 남에게 부탁하는 것이 너무 어렵다. ☐

14 남을 칭찬하는 것이 너무 어렵다. ☐

15 남이 나를 편하게 대하는 것이 싫다. ☐

16 남에게 숨기는 비밀이 있다. ☐

17 남과 눈을 마주치는 것이 부담스럽다. ☐

18 남의 부탁을 거절하는 것이 어렵다. ☐

19 성형외과 사이트에 자주 접속한다. ☐

20 SNS에 나를 자랑할 만한 사진을 골라 올린다. ☐

▶ **16~20점 : 심각한 콤플렉스에서 하루빨리 빠져나오세요!**

콤플렉스가 심각한 상황입니다. 자기 자신이 마음에 들지 않는군요. 스스로에 대해 부정적인 시각을 갖고 있고, 매사에 자신감이 부족합니다. 자신의 단점을 현미경으로 보지 말고 망원경으로 들여다보면서 장점을 찾아내는 것이 중요합니다. 자칫 우발적으로 행동을 할 우려가 높습니다. 평소 긍정적으로 몰입할 수 있는 야외활동이나 함께 어울리는 취미활동을 자주 해보세요. 당신은 소중한 존재라는 사실을 늘 기억하세요.

▶ **8~15점 : 이 정도의 콤플렉스는 누구나 갖고 있어요!**

보통 수준의 콤플렉스에 해당됩니다. 이 점수를 받은 사람들은 평소 자신에게 콤플렉스가 있더라도 그것을 현명하게 극복할 가능성 또한 높습니다. 스스로 자신의 콤플렉스가 진짜 콤플렉스인지 다른 시각에서 바라보는 것이 필요하고, 그 방법을 찾아야 합니다. 또 지금의 콤플렉스 정도는 오히려 자신을 겸손하게 만들고, 콤플렉스에 대처할 만한 능력이 있으므로 자신감을 가져도 좋습니다. 주변의 믿을 만한 지인에게 자신의 콤플렉스를 털어놔보세요. 타인의 생각을 객관적으로 들어보면서 자신의 콤플렉스를 다시 한 번 바라보는 겁니다. 당신은 지금도 충분히 매력적인 사람이라는 걸 기억하세요.

▶ **7점 이하 : 콤플렉스가 별로 없네요!**

콤플렉스와는 거리가 있습니다. 이 점수를 받은 사람들은 자신은 물론 자신의 환경에 대해서 긍정적인 시각을 가지고 있습니다. 다만 자신을 지나치게 출중하다고 생각하지는 않는지 주의할 필요가 있습니다. 왜냐하면 콤플렉스가 없는 사람은 거의 없기 때문이지요. 당신은 행운아라는 사실을 기억하세요.

굿바이 피에로,
웰컴 행복

지금까지 우리가 가지고 있는 다섯 가지 투명 장애인 착각, 핑계, 가식, 비교, 콤플렉스에 대해 정리해보았습니다. 사실 누구나 이 다섯 가지 생각으로부터 완벽하게 자유로울 수는 없습니다. 저는 이 다섯 가지 부정적인 생각을 피에로의 가면이라고 생각합니다. 얼굴을 있는 그대로 드러내지 못하고 사는 삶, 나아가 나 자신을 인생의 주인공이 아니라 엑스트라로 살게 하는 슬픈 피에로의 가면 말입니다. 피에로는 웃고 있어도 슬퍼 보입니다. 자신의 본모습을 숨겨야 하니까요. 우리는 이 무거운 가면을 쓰면 쓸수록, 저만치 멀어져가는 건 행복이라는 사실을 잘 알고 있습니다.

그럼에도 불구하고 왜 우리는 이런 가면을 자꾸 집어 들까요? 행복의 기준을 바깥에서 찾기 때문입니다. 행복이 사회가 암묵적으로 정해 놓은 잣대, 남들의 시선 속에 있다는 착각에서 아직 헤어나오지 못했기 때문입니다.

하지만 남들에게 보여주기 위한 삶을 살다보면, 나는 늘 부족한 사람입니다. 완벽하게 모든 사람들의 기대에 부응할 수 있는 사람은 아무도 없을 테니까요. 대중의 우레와 같은 박수를 받지 않아도 스스로 내가 나를 인정해주고, 있는 모습 그대로의 나에게 만족할 수 있다면 그게 더 멋있는 삶 아닐까요? 물론 우리 모두 사회적인 동물인 까닭에 남의 시선을 완전히 차단할 수는 없습니다. 하지만 신경을 쓰되 너무 의식하며 살진 말자는 얘기입니다. 실제로 주변을 보면, 나이 들수록 자기만의 깊은 향과 멋이 느껴지는 사람들은 민낯이 아름다운 사람입니다.

물론, 모두가 알고 있는 얘기입니다. 하지만 실천하기가 생각처럼 쉽지 않지요. 우리의 삶이 그만큼 녹록치 않으니까요. 그래서 연습이 필요합니다. 지금부터 각 챕터에 소개한, 장애를 벗어버리기 위한 행동이나 생각의 전환법을 꾸준히 실천에 옮겨보면 어떨까요? 생각이 바뀌면 습관이 바뀌고, 습관이 바뀌면 인생이 바뀝니다. 뻔한 말이지만 실천해볼 만하다고 생각합니다. 그래서 저도 매일 연습 중입니다. 제가 매일

의식적으로 생각하고 말로 옮기려고 노력하는 다섯 가지 긍정어법을 소개하면 이렇습니다.

- **긍정적 착각** : "내가 이렇게 사람 복이 많은데, 거기에 돈까지 많으면 어쩔 뻔했어? 세상모르고 기고만장했겠지. 그러고 보면 나는 참 운이 좋아!"
- **유쾌한 핑계** : "깐깐한 김 대리 때문에 일을 대충대충 할 수가 없다니까요!"
- **남을 배려하는 긍정의 가식** : "당신 때문에 내 배꼽이 빠질 뻔 했네요!"
- **남이 아닌 어제의 자신과 비교** : "어젯밤에는 라면의 유혹을 뿌리치지 못해서 두 눈이 퉁퉁 부었지만, 오늘은 기필코 참아내겠어!"
- **콤플렉스 드러내기** : "한창 젊었을 땐 사람들이 제 피부가 도자기 같다고 했었는데, 어휴 지금은 주름이 자글자글해요. 하하."

'불가능'을 의미하는 영어 형용사 'Impossible'에 점 하나를 찍어 넣고 간격을 조금만 벌려주면 'I'm possible'로 변하지요. 나만의 인생 무대에서 피에로로 살고 싶은 건 아니지만 도무지 가면을 벗는 일이 어려워보일 때, 행복을 가로막는

5대 방해꾼을 물리치는 것이 불가능해보일 때 이 말을 꼭 기억하길 바랍니다. 가면을 벗은 민낯, 화장기 없는 민낯이 스스로에게 진정으로 아름다워보일 때까지 말입니다. 그리고 이렇게 외쳐보세요.

'굿바이 피에로, 웰컴 행복!'

눈치 보느라 웅크린 당신에게

욕먹어도 괜찮아

제1판 1쇄 인쇄 | 2015년 3월 20일
제1판 1쇄 발행 | 2015년 3월 30일

지은이 | 박영실
펴낸이 | 고광철
펴낸곳 | 한국경제신문 한경BP
편집주간 | 전준석
편집 | 황혜정 · 마수미
기획 | 김건희 · 이지혜
홍보 | 정명찬 · 이진화
마케팅 | 배한일 · 김규형
디자인 | 김홍신

주소 | 서울특별시 중구 청파로 463
기획출판팀 | 02-3604-553~6
영업마케팅팀 | 02-3604-595, 583 FAX | 02-3604-599
H | http://bp.hankyung.com   E | bp@hankyung.com
T | @hankbp   F | www.facebook.com/hankyungbp
등록 | 제 2-315(1967. 5. 15)

ISBN 978-89-475-4005-6   03320